Cover Girl

et dire que j'étais populaire

Amy Kaye

AVENTURE

Paru sous le titre original : *The used to be it girl*

Publié par Presses Aventure, une division de
LES PUBLICATIONS MODUS VIVENDI INC.,
5150 boul. Saint-Laurent,
Montréal (Québec)
H2T 1R8.

Traduit de l'anglais par : *Sophie Gaillard*
Illustration de la couverture : *Roselyne Cazazian*
Montage infographique : *Modus Vivendi*

Dépôt légal : 2e trimestre 2005
Bibliothèque nationale du Québec
Bibliothèque nationale du Canada

ISBN 2-89543-255-4

Remerciements

Il est inconcevable que j'aie pris autant de temps pour remercier Kate Seaver, mon éditrice et aussi ma précieuse collaboratrice. Elle s'est littéralement battue pour soutirer de moi ces trois livres que je n'aurais pu écrire sans elle.

Je dois aussi remercier Michael Goldstrom pour ses vues sur la vie et la carrière d'un enfant acteur; Melissa Gilbert pour son documentaire sur le même sujet; les médecins de *Quentin's List* pour leur expertise médicale; l'arrondissement Queens; et bien sûr, Nick Torello, que j'ai terrorisé chaque jour pendant que je préparais la difficile naissance de ce livre.

Cover Girl

et dire que j'étais populaire

Prologue

- Alors, Rhiannon, murmura Juliet Babarino, s'adressant autant à moi qu'à la caméra qui était installée sur mon patio arrière et qui filmait la scène en direct. Quelle journée ça te fait, hein ?

- Joyeux anniversaire à moi !

Je haussai les épaules en gesticulant vers ma toute nouvelle Coccinelle décapotable, peinte juste pour moi d'un beau rouge pompier. Je m'étais offert ce cadeau pour mes seize ans. La voiture était stationnée dans l'entrée, juste derrière moi. Exécrable, je le savais, mais c'était ce que l'émission voulait, et j'ai l'habitude de faire ce qu'on attend de moi.

- À moins que vous n'ayez passé les quelques dernières années à vivre en ermite, je suis certaine que vous connaissez notre invitée d'aujourd'hui, disait Juliet à la caméra. Rhiannon Melissa Taylor est la vedette d'*Une aile et une prière*, l'émission pour enfants du vendredi soir la plus écoutée de tous les temps.

Elle rit de son rire qui faisait froid dans le dos, et se tourna vers moi.

- D'où sort ce nom, au fait ? Ou, j' veux dire, comment vos parents l'ont-ils trouvé ?

Je fis semblant de me plaindre.

- Ah Juliet ! je suis certaine de vous avoir déjà raconté ça.

Je n'eus même pas besoin de jeter un coup d'œil vers Lindsay, la tutrice que le studio avait engagée pour s'occuper de moi.

- Allez, racontez-nous l'histoire encore une fois, dit Juliet d'un ton faussement cajoleur.

Tout ceci faisait partie du jeu de la publicité et des émissions télévisées.

- Eh bien, mes parents n'arrivaient pas à se mettre d'accord au sujet de mon nom.

Je m'animai un peu en racontant l'histoire que j'avais répétée tant de fois qu'elle était presque devenue une macro sur le disque dur de mon cerveau.

- La chanson préférée de ma mère était *Rhiannon*, de Fleetwood Mac. Mais mon père aimait plutôt *Sweet Melissa*, des Allman Brothers.

- Mais qui sont ces groupes ? ! s'exclama Juliet. Elle faisait semblant d'arracher ses cheveux teints et défrisés du dessus de sa tête apparemment vide.

- Les Allman Brothers ? Est-ce que c'est un genre de groupe d'ados dont je n'ai jamais entendu parler ?

- Plus comme un groupe de vieux, répliquai-je. C'était des gars du genre hippie, populaires dans les années soixante-dix. L'un d'entre eux fut marié à Cher pendant quatre bons mois.

- Eh bien, qui l'eut cru ? dit-elle.

- Alors mon père a téléphoné à une chaîne de radio locale de New York, où je suis née...

- La grosse pomme, hein ?

Je me disais *bien sûr, Juliet. La grosse pomme. Ne se rend-elle pas compte que plus personne n'utilise cette expression ?* Mais je me mordis la langue. Je suis plutôt bonne joueuse, et je ne voulais pas causer d'ennuis au studio en ayant l'air d'une petite garce mal élevée. Alors je poursuivis mon récit :

- ... et il dit à l'animateur : « Écoute, ma femme vient d'accoucher et nous n'arrivons pas à décider quelle chanson va nous inspirer pour trouver un nom au bébé ». Et l'animateur a répondu : « laissons les auditeurs décider ».

- C'est pas vrai !

- Eh bien oui, insistai-je. Alors, pour le reste de l'après-midi, les rockeurs de la plus grande ville du monde décidèrent de mon destin. Ou du moins de mon nom.

- Et voilà. Rhiannon l'emporta.

- Et Melissa eut la deuxième place. Et tant mieux, parce que la chanson parle d'un homme qui meurt, et ça, c'est tout simplement sinistre.

Juliet rit à nouveau, me donnant froid dans le dos. Je jetai un coup d'œil hors du champ de la caméra et essayai de croiser le regard de Lindsay. Je me disais que tout se passait plutôt bien. Pourtant, elle semblait inquiète et contrariée. Elle semblait souvent inquiète et contrariée ces temps-ci, maintenant que j'y songeais. Mais ce n'était pas vraiment le moment de se poser ce genre de question, alors qu'on était à la télévision en direct. Je redirigeai mon attention vers Juliet.

Juste à temps, en fait. Son expression changea soudainement; elle passa d'un grand sourire sympathique à un regard intense, sa tête penchée comme si l'une de ses oreilles pesait subitement des kilos de plus.

- Alors Rhiannon, dit-elle d'un ton différent, plus sérieux, comment vous sentez-vous par rapport aux rumeurs ?

- Aux rumeurs ? répondis-je en veillant à ce que mon visage ne trahisse pas ma nervosité.

Nous n'avions pas répété cette partie-là de l'entrevue.

- Je ne prête jamais attention aux rumeurs.

- Eh bien, nous non plus d'habitude, mais il semblerait que nous venons d'obtenir confirmation d'une source, au sein même du studio…

- Ah, j'adore ce genre de truc. Je me demande ce que je fais cette fois-ci. Laissez-moi deviner. Je sors avec un des frères Hanson ? Faux. J'aimerais sortir avec un des frères Hanson ? Vrai, vrai, vrai…

- Non, ce n'est rien d'aussi amusant, dit Juliet solennellement. Ils affirment que le studio cherche à vous remplacer.

- Me remplacer ? !

Je ricanai tout en essayant d'entrevoir Lindsay du coin de l'œil. Elle avait disparu. Elle n'était plus à côté de la caméra.

- Avec quoi, une vraie fée ?

- Avec une star plus jeune, dit-elle.

C'était comme si elle venait de me donner une grosse gifle. Je croisai mes jambes en espérant que ce mouvement soudain détournerait l'attention de mes mains tremblantes.

- C'est la chose la plus ridicule que j'aie jamais entendue, rétorquai-je. Je suis le cœur de cette série. J'ai grandi dans ce rôle.

- D'après ce que les gens disent, c'est exactement ça le problème, dit-elle. Vous, vous avez grandi, mais ils veulent que l'émission reste jeune.

- Mais je n'ai que seize ans ! dis-je en gesticulant. Je ne vais même pas répondre à ça. C'est tellement ridicule ! Je suis à la veille de renouveler mon contrat !

- Mais ce n'est pas encore fait, me fit remarquer Juliet.

Comment le savait-elle ?

- En fait, un nouveau contrat vient tout juste d'être signé, avec Mitzi McFarlane.

- Mitzi McFarlane ? dis-je en riant d'un rire détendu, le genre de rire censé faire croire aux autres que j'étais au courant de ce qui se passait dans ma vie. Vous voulez dire celle du nouveau club Mickey Mouse ? Je l'ai rencontrée lors de mes leçons de tennis. Ça m'étonnerait beaucoup que ce soit elle qui me remplace, même si les réalisateurs de l'émission veulent vraiment donner mon rôle à quelqu'un d'autre.

J'avais l'impression d'être en train de blablatter

désespérément, de faire le genre de prévention du risque employé par le département de relations publiques du studio uniquement pour des émissions comme *Quand les mannequins passent à l'attaque*. J'étais terriblement impatiente de terminer cette entrevue, de parler à Wanda, mon agente, et d'apprendre comment le studio avait pu laisser tout ça me tomber dessus.

- Je ne sais pas, notre source semblait plutôt sûre.

- Eh bien, qui allez-vous croire, une espèce de source anonyme ou la star de la série ? demandai-je en haussant les épaules. De toute façon, Mitzi a quelque chose comme dix ans. Tant qu'à faire, ils pourraient aussi bien engager Apple Paltrow Martin et ajouter un changeur de couches officiel au personnel.

- Mais n'est-ce pas justement à cet âge-là que vous avez quitté New York avec votre mère afin d'emménager ici et de devenir la vedette de l'émission ? Deux ans plus tard, votre mère retourna à New York et depuis, vous êtes comme un véritable membre de la famille de la chaîne Wolf. Vous avez sacrifié beaucoup pour eux. Comment cette décision de leur part vous affecte-t-elle ?

- Oh Juliet ! Quelle décision ? Tout ceci est complètement absurde !

Je ris à nouveau. Elle ne se joignit pas à moi. Au contraire, elle me fixa comme si j'étais le personnage d'Angelina dans *Jeune fille interrompue*.

- Je suis surprise de vous entendre parler autant de ça, poursuivis-je. Faites-moi confiance. C'est totalement faux. Je ne m'en vais nulle part et l'émission ne subira pas de changements majeurs. Je vous le dis. Faites-moi confiance !

Plutôt que de réagir à mes propos, Juliet détourna le regard. Elle ne regardait pas tout à fait la caméra, mais il était évident qu'elle évitait mon regard. Ça me rendait furieuse. J'avais déjà réalisé une douzaine d'entrevues avec elle et j'avais toujours fait en sorte d'avoir le temps de participer à l'émission lorsque j'étais invitée. Et maintenant elle me tombait dessus avec cette technique d'entrevue du genre couteau dans le dos ? ! Encore pire, elle se comportait comme si elle était véritablement au courant de quelque chose. Comme si elle avait été envoyée ici avec de l'information. Comme si quelqu'un très haut placé et puissant lui avait donné un tuyau secret…

- Attendez juste un instant, je suis en train de recevoir un message…

Elle s'immobilisa et posa un de ses doigts aux ongles impeccablement vernis sur le petit appareil de style Star Trek dissimulé dans son oreille.

- Nous espérions avoir une connexion en direct, mais nous n'étions pas sûrs que ça fonctionnerait, continua-t-elle. Il semble que nous sommes en direct avec quelqu'un qui pourrait régler cette histoire une fois pour toutes. S'il vous plaît, restez à l'écoute, nous avons les dernières nouvelles de la chaîne Wolf... Allô ?

Un des écrans s'alluma et je pus apercevoir Wim Peterson, l'homme à la tête de la chaîne, qui apparaissait sur l'image avec moi.

Je glapis.

- Que se passe-t-il ?

Lindsay avait disparu. Personne ne voulait me regarder.

- Qu'est-ce qui arrive ?

- Wim Peterson, pouvez-vous corroborer cette histoire ? demanda Juliet. Notre source nous affirme que Rhiannon Melissa Taylor a été remplacée par Mitzi McFarlane ? Est-ce vrai ?

Wim s'éclaircit la voix. Il avait l'air d'avoir environ cent milliards d'années, avec son cou flétri et ses cheveux à la Monsieur Burns.

- Nous aurions préféré vous informer de ceci d'une autre manière, dit-il. Mais, oui, c'est vrai. Nous avions le sentiment qu'*Une aile et une prière* s'était éloigné de son but original, c'est-à-dire celui d'être une émission familiale destinée aux jeunes. Nous croyons qu'une vedette plus jeune nous ramènera vers notre public.

Je fixai l'écran du moniteur, bouche bée.

Comment pouvaient-ils me faire ça ?

Comment pouvaient-ils me le dire de cette façon ?

Si je n'étais plus la star d'*Une aile et une prière*, alors qui étais-je ?

Chapitre 1

Froid. Horriblement froid, et humide en plus. Lorsque je descendis de l'avion à New York, la température n'avait rien à voir avec le climat clément de la Californie. Là-bas, c'était pratiquement l'été, tandis qu'ici, on avait l'impression que c'était à peine le printemps. J'entrevis le ciel à travers un trou dans le tunnel qui nous menait de l'avion au terminal. On aurait dit qu'il y avait tant de couches de nuages d'un blanc maladif que le soleil ne pourrait jamais percer.

Il faut dire qu'il faisait à peine jour. Humiliée par mon renvoi de l'émission qui avait été toute ma vie depuis que j'étais en quatrième année du primaire, me retrouvant brusquement larguée par tous ceux qui avaient pris en charge chaque décision mineure et majeure de mon existence depuis que j'avais dix ans, et ayant à peine eu le droit de retourner dans la maison où j'avais vécu ces six dernières années, je n'avais même pas accepté l'offre du studio d'aller à l'hôtel en attendant de faire les arrangements nécessaires pour revenir chez mes parents. Je m'étais débrouillée pour téléphoner à la compagnie aérienne moi-même avec mon cellulaire – avant qu'ils ne me le débranchent ! – et deux énormes valises m'attendaient dans le coffre d'un taxi. Je ne voulais pas faire de déclaration publique, je refusais d'essayer de faire bonne figure après cette expulsion humiliante. Je ne voulais surtout pas croiser quiconque du studio. Suite à l'entrevue avec Juliet diffusée en direct, Lindsay avait complètement disparu, remplacée par un représentant du personnel du studio qui m'informa froidement que j'allais devoir quitter ma maison de plage dans les vingt-quatre heures.

Je n'avais rien à répliquer. Tout ce que je voulais, c'était déguerpir le plus rapidement possible. Disparaître. M'évaporer. M'éclipser. Merci, bonsoir. Je voulais que tout le monde m'oublie, et la première étape était de devenir invisible. Vous savez ce qu'on dit : loin des yeux, loin du cœur...

Alors que j'attendais mon avion à Los Angeles, je m'étais sentie étrangement rêveuse, et je parvins presque à me convaincre que ce n'était que le début d'une nouvelle aventure. L'ambiance nocturne de l'aérogare était calme et mystérieuse. Les portes menant aux avions ponctuaient les murs de la pièce ronde et les voyageurs, qui s'en allaient tous dans des directions différentes, étaient tranquillement assis, assoupis, accompagnés de bagages de tailles variées. Les enfants dormaient sur des valises et les couples, quoique silencieux, avaient l'air excités de partir. Vers le haut de la pièce, des fenêtres en verre faisaient face à la noirceur du ciel. Les étoiles me semblaient immenses, comme de gros bulbes, jusqu'à ce que je me rende compte qu'il s'agissait, en fait, du reflet des lampes de l'intérieur de l'aérogare. La lune, une énorme sphère d'un blanc éblouissant, était suspendue dans le ciel juste au-delà des reflets, rendant impossible la distinction entre réalité et fiction.

C'était beau, mais ça me faisait également réaliser que c'était exactement ce que Los Angeles avait été pour moi : un vacillement perpétuel entre la réalité et la fiction. Et j'avais mis tous mes œufs dans le même panier. J'avais pris un pâle reflet pour ma vraie vie. Et maintenant, je m'apprêtais à retrouver la vie qui m'avait attendue tout ce temps, une vie dont je ne savais rien.

Je clignai des yeux, m'efforçant à oublier les rêves de la veille et à accepter la lumière du jour brutale qui se cramponnait à moi comme du duvet de pissenlit. Je déambulai le long du corridor qui menait de l'avion à l'aérogare et sortis par la porte.

- La voilà !

J'entendis la voix d'un homme. Je me tournai vers le son et aperçu mon père. Ouf ! comme il avait l'air vieux. Quand est-ce que ses tempes s'étaient mises à grisonner ? Il était seulement dans la quarantaine, mais il faut dire que les gens de New York ne prennent pas autant soin de leur peau que ceux de Los Angeles. De plus, c'était un ancien policier, pas le genre de métier typique de ceux qui se soucient de leur apparence. Et maintenant il travaillait avec ses mains. Avec l'argent que je gagnais, il avait réussi à mettre sur pied une entreprise de carrelage artisanal, devenant par la suite un entrepreneur haut de gamme, concepteur et installateur de porcelaine de luxe dans les cuisines et salles de bains des gens les plus riches de Queens et Long Island. C'était une des raisons pour lesquelles maman était rentrée à la maison : j'avais l'air d'être entre bonnes mains avec le studio à Los Angeles et papa ainsi que le reste de la famille avaient besoin de l'aide de maman pour lancer et diriger l'entreprise. C'était leur rêve. Et ça avait vraiment bien marché. Malgré ses tempes grisonnantes, je m'aperçus que papa avait encore ses beaux yeux bleus souriants qui me faisaient chaud au cœur.

Je ne savais presque plus quoi faire. Je ne l'avais pas vu depuis près de deux ans. Même lorsque je ne tournais pas pour la série, il se passait tellement de choses à Los Angeles : projets de film, apparitions en public... Je m'approchai de lui et – aïe ! Je levai mes mains pour lui prendre le cou et nos bras se cognèrent. Il nous fallut à peu près trois tentatives avant de réussir à nous prendre dans les bras.

- Papa, dis-je, testant ce mot devenu si peu familier.

- Boo-boo, me répondit-il, et je fus surprise d'entendre ce nom que plus personne ne me donnait.

- Kaleigh ! m'exclamai-je en apercevant ma sœur debout derrière lui, un peu en retrait. Oh mon Dieu, comme tu as grandi !

Je me dégageai de l'étreinte de papa et tendis mes bras vers elle. Pour une fraction de seconde j'eus l'impression qu'elle allait reculer, mais elle finit par se pencher légèrement vers l'avant, me permettant de mettre mes bras autour d'elle.

Kaleigh a quatorze ans et je ne peux pas dire que nous avons été proches. Bien sûr, nous l'étions durant notre petite enfance, mais elle n'avait que huit ans quand je suis partie pour Hollywood et nous n'avons pas vraiment passé de temps ensemble depuis. Je suggérais à ma mère de l'envoyer me rendre visite pour les vacances d'été, mais Kaleigh n'avait jamais vraiment été intéressée. Maintenant que je la regardais, je comprenais un peu pourquoi.

Kaleigh était pâle, voire blanche, et ses cheveux étaient teints d'un noir profond. Je ne la décrirais pas comme ayant un look gothique, pas tout à fait, mais son attitude du genre *ne me parlez pas* était l'opposé de celle des nymphettes qui hantent les plages californiennes. Et elle était maigre comme un clou ! J'avais l'impression d'avoir une longue tige de bambou entre mes bras. Elle me tapota de ses doigts pâles, plutôt pour m'indiquer d'arrêter de la serrer que pour me montrer de l'affection. Ou peut-être était-ce seulement comme ça que je le ressentais.

- Alors, dit mon père. Allons chercher tes bagages.

Nous attendions à côté du carrousel, le regardant tourner en rond et en rond et encore en rond, baignant dans un silence mal aisé. J'observais tous les autres passagers retrouver joyeusement leurs valises, mais les miennes refusaient implacablement de glisser le long du toboggan qui les ramènerait à moi. Je sentais mes dents se serrer, ma mâchoire était douloureusement tendue, pendant que je fixais la gueule vide de l'aéroport...

- C'est sûr qu'ils les ont perdus, dis-je finalement.

- Je vais aller vérifier, répondit mon père, et il entra dans le bureau aux murs de verre qui se trouvait à côté du carrousel.

Il ne restait que moi et Kaleigh. Je pianotais impatiemment sur mes bras croisés, m'efforçant à paraître détendue.

- Alors, dis-je, tu es en quelle année, septième ?

- Neuvième.

- Est-ce que tu... heu... fais du sport ?

- Ah. Le sport.

Kaleigh promena lentement son regard le long de son corps mince pour s'arrêter aux grosses bottes qu'elle avait aux pieds. Aucune tenue d'équipe sportive.

- Pas vraiment.

- Hmm.

Ai-je mentionné que le silence était désagréable ? Mais certainement plus agréable que la conversation actuelle.

- Pourquoi est-ce écrit *Juicy* sur ton derrière ?

- Quoi ?

- Ce... ce truc que tu portes. Cette espèce de jogging. C'est écrit *Juicy* dessus.

- Simplement une affiche publicitaire.

Je souris, m'attendant à un rire de sa part. J'eus droit à de gros yeux silencieux à la place. Ouf !

- C'est la grande mode à Los Angeles, lui dis-je. C'était dans ma garde-robe. Le fabricant nous en avait envoyé plusieurs, et l'année dernière je les portais tout le temps. En me préparant à partir pour l'aéroport, je voulais simplement enfiler quelque chose de confortable.

Sans mentionner que l'année passée j'étais plusieurs tailles plus petites et que maintenant cet ensemble *Juicy* que je portais n'était plus tout à fait aussi confortable. Je pouvais sentir la taille élastique fendre ma chair, mais au moins c'en était un, d'élastique.

- On dirait qu'ils ne sont pas aussi populaires ici, dis-je en me penchant pour attacher le lacet rebelle d'une de mes baskets.

- Pas trop, non, dit-elle.

Mon père émergea finalement du bureau.

- Ouais... ils les ont perdus, dit-il. Ils vont nous téléphoner quand ils seront arrivés.

- Ils les ont perdus ? répétai-je d'un ton brusque. Ils sont où alors ? Quand est-ce qu'ils vont arriver ici ? Est-ce qu'ils savent...

J'allais dire *Est-ce qu'ils savent qui je suis ?* mais réalisai aussitôt qu'il serait plus exact de dire *Est-ce qu'ils savent qui j'étais* ? Plus personne n'allait « s'occuper » de moi. Mon père avait fait ce que n'importe qui d'autre d'ordinaire aurait fait, et c'est exactement ce que j'étais devenue : ordinaire.

- Je m'excuse, dis-je. C'est juste que je n'ai pas d'autres vêtements que... ça.

J'avais maintenant l'impression d'être un clown dans mon ensemble *Juicy*.

- On va s'occuper de ça une fois à la maison, dit papa.

- Comment ça se fait que maman ne soit pas là ? demandai-je.

- Eh bien, ta mère est un peu fatiguée ces derniers temps, répondit-il.

Fatiguée ? Trop fatiguée pour accueillir sa seule et unique fille aînée après la pire expérience de son existence ? ! Quel genre de fatigue est-ce que c'est, ça ? Je voulais le lui demander, mais je me contentai de lui dire :

- D'accord. Pas de problème.

Je crus apercevoir ma sœur lui jeter un regard, mais je ne les connaissais pas assez pour en être sûre. De toute façon, je pensais à mes vêtements. Qu'est-ce que j'allais faire en attendant qu'ils réapparaissent ? Et pourquoi est-ce que ceci devait m'arriver en plus de tout le reste ? Avais-je mis la mauvaise étiquette sur ma valise ? L'idée même me donnait envie de brailler comme une célébrité dans une entrevue avec Barbara Walters. Je ne savais même pas comment préparer une valise pour l'aéroport. Je ne savais rien faire, et ils n'avaient même pas autorisé Lindsay à m'aider à faire mes bagages. Elle était comme une mère pour moi, surtout depuis que la mienne ne prenait même pas la peine de venir me chercher à l'aéroport. J'essayais de contrôler mes émotions. Tout en m'efforçant de retenir mes larmes, je réalisai que j'étais épuisée, n'ayant dormi que quelques heures agitées dans l'avion, et que j'avais simplement besoin de rentrer « à la maison ».

On marcha jusqu'à la voiture et on prit la route de la maison, roulant à travers l'air épais, humide et frais du mois de mars. Le chemin nous menait sur l'autoroute Grand Central, le long de laquelle se trouvait un champ laid et plat. D'un côté, des feuilles d'un vert boueux pendaient des branches d'arbres apparemment dépressifs. De l'autre côté, pas de feuilles – uniquement de la boue. Et les voitures, dont les couleurs paraissaient sombres sous une lumière plutôt jaune, avançaient péniblement sur l'autoroute.

Une fois à la maison, je fixai notre immeuble. Le pignon pointu sur la façade semblait petit et ridicule, comme si ce petit immeuble aspirait à quelque chose de plus grandiose qu'à son existence ici, à un coin de rue du Queens Boulevard.

- Pourquoi n'avez-vous pas déménagé ? marmonnai-je.

- Déménager ? Nous avons toujours vécu ici. Tony et Ro habitent sur la même rue et Anthony et Deb sont un coin de rue plus loin. Où est-ce qu'on pourrait bien aller ?

- C'est vrai, j'avais oublié vos amis de jeunesse, lui dis-je.

- En plus, les écoles du quartier sont pas mal.

Kaleigh ricana.

- Eh, ma p'tite, il faut suivre les règles du jeu si tu veux être gagnante, lui dit-il avec un regard sévère.

- Ouais… ouais, répondit-elle.

Et elle rentra à l'intérieur.

D'après moi, pour aller se suspendre sous le toit la tête en bas.

Je fixai mon père et pensai *oui, c'est bien lui. C'est le gars qui jadis était le roi de mon univers*. Si on m'avait demandé pourquoi je ne le connaissais pas mieux, je n'aurais pas su quoi répondre. Nous étions une famille plutôt normale lorsque j'étais enfant, mais quand je suis partie pour Los Angeles et que maman a décidé de rentrer à la maison au lieu de rester avec moi, j'ai en quelque sorte… perdu contact. Ça paraît étrange d'entendre une enfant de douze ans parler ainsi, n'est-ce pas ? C'est une expression d'adultes, les enfants ne perdent pas contact. Mais le studio s'occupait de moi, en tout cas en ce qui concernait ma tutrice. De plus, ma carrière et mon argent étaient gérés par des gens qui ne m'étaient pas apparentés. En effet, ma mère avait lu un livre sur les enfants acteurs et pensait que la séparation de la carrière et de la famille constituait le seul moyen d'éviter que nous nous retrouvions devant un juge vingt ans plus tard.

Il faut suivre les règles du jeu pour être gagnant. C'était exactement ça la devise de mon père; il n'aimait pas avoir l'air différent. Il faut dire qu'il était fils d'immigrants irlandais; il ne voulait surtout pas remuer les choses. Et c'était ce que je me répétais constamment, moi aussi. Lorsqu'on est un enfant qui travaille, on a un sentiment très clair que tout le monde dépend de nous. Si tout d'un coup on ne se sent pas bien, le tournage est interrompu. Et je crois que les enfants ont un sentiment de culpabilité plus développé que les adultes. On veut juste faire plaisir à tout le monde. Eh bien, c'est ce que j'avais fait. J'avais suivi les règles du jeu, même si ça signifiait devoir quitter Queens, même quand ça signifiait devoir laisser ma mère rentrer à la maison sans moi. Et maintenant, j'étais de retour.

La porte d'entrée s'ouvrit et une vieille femme bouffie se pencha vers moi. Je m'apprêtais à demander où était maman quand – Oh mon Dieu ! – je compris. C'était maman.

- Maman, me répétais-je à haute voix, en dissimulant le tremblement de ma voix.

Pas étonnant qu'elle ne soit pas venue à l'aéroport. Elle n'était pas fatiguée, mais plutôt complètement épuisée.

Elle leva une main vers son front et dégagea quelques mèches de cheveux de son visage rond et boursouflé. Ça n'aidait pas. Je m'approchai d'elle et, debout dans l'entrée de la maison, la pris dans mes bras. Elle me serra avec une intensité que j'essayai de lui rendre.

- Maman, dis-je à nouveau.

- Je déteste ce qu'ils t'ont fait, me dit-elle dans l'oreille. Je déteste ça. Je les déteste eux. Je suis tellement désolée que ce soit arrivé.

- Eh bien, glapis-je, déterminée à faire bonne figure. Ce n'est pas grave.

Elle recula et me regarda.

- Chérie, c'est moi. Tu peux être triste.

Je n'avais pas l'énergie d'être triste. J'avais l'impression que si je cédais à mon chagrin, jamais je ne m'en remettrais. J'avais tellement envie de m'effondrer dans les bras de ma mère, mais je ne pouvais pas me le permettre. De toute façon, si je m'effondrais dans les bras de cette femme, ils risquaient de se casser. Elle était trop fragile, trop vieille. Je pouvais m'occuper de cette histoire toute seule.

- Je dois me souvenir de cette émotion et l'utiliser sur scène, dis-je en souriant.

C'était une réplique de Doris Finsecker, mon personnage préféré du film *Fame*. C'était quelque chose qu'on se disait tout le temps lorsque j'étais enfant et que les frustrations habituelles de l'enfance, en plus des difficultés d'un enfant acteur, devenaient presque impossibles à supporter.

Son visage s'éclaircit et elle me fit un doux sourire qui voulait dire : *D'accord, tu n'es pas obligée d'avoir une dépression nerveuse. Pas tout de suite.* À haute voix, elle dit :

- Tu es à peu près aussi flamboyante qu'un bagel.

Une autre réplique de Doris.

- C'est exactement ça mon problème, répondis-je, citant maintenant Barbra Streisand dans *Funny Girl*. Je suis comme un bagel sur une assiette pleine de petits pains aux oignons.

Protégée par mon armure de répliques cinématographiques, je me faufilai à l'intérieur de la maison.

- Je suis tout de même heureuse de t'avoir à la maison, ajouta-t-elle.

Je la regardai quelques instants, essayant de faire le rapprochement entre cette femme aux yeux cernés, à la bouche et à la peau ridées, et la femme vive et drôle qui me trimbalait de l'école de théâtre aux auditions avec une énergie au-dessus du commun. Je pouvais à peine faire le lien entre les yeux humides de la première et les yeux sombres, profonds et pétillants de la deuxième.

Tout avait changé pendant que j'étais partie. C'était trop déprimant.

- Est-ce que je peux aller en haut ? demandai-je.

- Bien sûr, va te reposer, me répondit-elle, ta chambre est encore ta chambre.

Et c'était bien en dessous de la vérité. Ma chambre était définitivement encore ma chambre. Ils l'entretenaient comme une espèce de petit sanctuaire, ce qui était étrange, parce que bien qu'un peu comateuse, je n'étais tout de même pas morte. Je n'y avais plus vécu depuis l'âge de dix ans, mais les murs étaient toujours roses, le couvre-lit rose et bleu pâle s'étalait toujours sur le lit et le petit bureau blanc était toujours dans le coin, sous la fenêtre.

J'imagine que j'aurais pu trouver cela sinistre ou agaçant, mais tout ça avait également quelque chose de rassurant. C'était comme si j'avais été ramenée au moment même où tout s'était mis à aller de travers, comme Jennifer Garner dans *13 ans, bientôt 30*. Je m'écrasai sur la chaise de bureau et regardai par la fenêtre, priant intérieurement pour que je revienne à l'âge de dix ans, un âge où tout est si simple.

Directement en face de moi se trouvait la fenêtre de la maison voisine. La maison de Léo Petrovic. La fenêtre de Léo, en fait. Je me penchai en avant en plissant les yeux pour voir s'il était encore là, mais la chambre n'était clairement pas très Léo. En effet, un immense métier à tisser y était installé, avec un tapis à moitié tissé accroché aux longs fils blancs étirés d'un bout à l'autre de la machine. On aurait dit que les Petrovic étaient partis depuis longtemps. Maintenant que j'y songeais, je me rappelais que maman m'avait dit qu'ils avaient déménagé à

Manhattan. Dommage. Au moins j'aurais pu être amie avec Léo, mais je n'avais aucune idée s'il était encore le même petit gars comique avec qui j'avais passé tout mon temps, de ma naissance jusqu'à la quatrième année.

Mes yeux se posèrent sur le tableau d'affichage en liège accroché à côté de ma fenêtre. Une photo de Fiennes du film *Shakespeare et Juliette.* La couverture d'un CD de Paula Cole, une autre de Chumbawamba. Des billets de spectacle pour *Rent*, *Chicago* et *Footloose, la comédie musicale*. C'était comme un concentré de ce qu'un enfant aimait dans le milieu des années quatre-vingt-dix. Et j'y étais, moi aussi, en plein milieu du tableau, avec tous les acteurs qui étaient là lors de ma dernière année dans *Comme chien et chat*, la troupe de théâtre au sein de laquelle j'ai appris à devenir comédienne avant mon départ pour Los Angeles. La photo me donna un coup au cœur.

Comme chien et chat était... ah, c'est tellement difficile de décrire ce que c'était. C'était une école de théâtre dirigée par un gars génial, Kenny Marr. Il était... il ne nous enseignait pas seulement le théâtre, il nous donnait le sentiment qu'on découvrait tout par nous-mêmes. Nous montions des pièces que tu n'imaginerais jamais jouées par des enfants : *La comédie des méprises*, de Shakespeare, *Les acrobates*, de Tom Stoppard, *En attendant Godot*, de Beckett. Et peut-être bien que quelques adultes trouvaient que c'était trop, mais nous adorions ça, même quand on n'y comprenait pas grand-chose. Je me souviens très bien de Kenny me regardant d'un air furieux et me disant : « Tu n'es pas en train de jouer; tu vis. Il ne s'agit pas de faire semblant. Quand tu es sur scène, ce n'est plus du théâtre, c'est la réalité ». Il avait mis sur pied cette troupe alors qu'il était à l'université et qu'il devait monter un projet, tout ça il y a quelque chose comme cent ans, style dans les années soixante-dix. Et il n'avait jamais laissé tomber.

La mère de Léo l'avait inscrit quand il avait à peu près quatre ans, et j'y suis allée moi aussi, puisque je ne supportais pas d'être séparée de Léo. Et le théâtre devint la chose la plus géniale de ma vie. C'était la seule chose que je voulais faire. Sérieusement. C'était moi qui réclamais plus de cours, plus de pièces de théâtre, plus de travail. J'avais l'impression que j'étais faite pour le théâtre. Et ma mère – ma géniale mère – était toujours là, à côté de moi, m'accompagnant aux répétitions, et puis ensuite aux auditions, et puis ensuite...

Eh bien. Ensuite...

C'est un peu douloureux de se souvenir de tout ça, et c'est pourquoi j'évite ce genre de pensée à tout prix. Je venais de terminer une production indépendante de *Miracle en Alabama*, je jouais Helen Keller. C'était magique ça. Je me souviens de l'acharnement avec lequel Kenny travaillait avec moi sur ce projet. On peut dire qu'il était comme mon entraîneur : il répétait avec moi, apprenait mon texte avec moi et m'aidait à aller au-delà de moi-même dans cette scène où Helen prononce pour la première fois le mot *eau*. Les gens jouent toujours cette scène-là dans les auditions et elle est vraiment difficile. Tu ne peux pas simplement faire semblant d'être aveugle et crier « eau, eau ! ». Tu dois vraiment entrer dans le cœur de cette fille qui n'a rien vu ni entendu depuis l'âge de un an. Tu dois permettre à cette lumière de s'allumer en toi. Sans te soucier de ce que le public voit, mais en faisant monter en toi cette véritable émotion et en ayant confiance qu'elle transparaîtra.

Quand il eut fini de travailler avec moi, je n'arrivais honnêtement plus à voir pour la plus grande partie du spectacle. Même qu'une nuit, j'ai trébuché sur un morceau du décor et je me suis tordu la cheville, passant à un cheveu de devoir annuler une des représentations. « Voilà pourquoi tu es une comédienne, non pas une star », m'avait dit Kenny.

Oh ! Je n'arrive pas à arrêter de parler de ça. Écoute, fais-moi confiance, Kenny a été un mentor génial. Et lorsque je suis allée à l'audition pour *Une aile et une prière*, juste pour voir comment c'était une audition pour la télévision, il a averti ma mère que je ne devrais pas aller dans cette direction. Ils se sont disputés à ce sujet : ma mère disait que j'étais en mesure de prendre mes propres décisions et lui, il disait que je devais être guidée vers le « vrai art ».

Mais les réalisateurs d'*Une aile et une prière* tombèrent amoureux de moi, et l'argent qu'ils offraient... jamais personne de notre entourage n'avait gagné autant. Tout à coup, toute la notion de « vrai art » semblait complètement ridicule. Ça semblait... en fait, j'imagine que c'est comme ça que se sentent les athlètes professionnels : *Je peux terminer le collège n'importe quand, mais je veux devenir professionnel tout de suite.*

Mes parents avaient toujours travaillé dur pour pouvoir joindre les deux bouts. Comme je l'ai déjà mentionné, mon père était policier. Ma mère était enseignante avant de nous avoir. Ça ne leur laissait pas beaucoup de temps pour ce qu'ils aimaient faire. Et moi j'allais pouvoir leur offrir ce temps avec l'argent que je gagnerais. Même un enfant de dix ans pouvait comprendre ça. Et je crois que mes parents voyaient ça comme une bonne opportunité pour nous tous. Alors, bien que ce fut très difficile, ils durent dire à Kenny qu'ils ne suivraient pas ses conseils. « Tu peux toujours arrêter si tu en as envie », m'avait dit mon père. Mais on savait tous qu'abandonner, ce n'était pas mon genre.

En plus, les réalisateurs étaient si gentils ! Quand j'avais passé mon audition finale, ils m'avaient offert un jeu de Polly Pocket. Ça m'avait décidée. Le temps de dire « une star est née » et nous étions, maman et moi, dans un avion pour Los Angeles.

Ma vie à Los Angeles était géniale. La seule chose que je regrettais, c'était d'avoir quitté Kenny et les enfants de *Comme chien et chat* sans leur avoir dit un réel adieu. Et maintenant que cette vie géniale était tombée à l'eau, telle une maison de plage mal construite s'effondrant lors d'un tremblement de terre, je les regardai me sourire depuis le mur. Je tendis le bras, retirai la punaise et laissai tomber la photo par terre.

Mes yeux étaient devenus lourds. Rappelle-toi que j'avais pris un avion de nuit qui avait atterri aux premières lueurs de l'aube et que j'avais également changé de fuseau horaire. Oubliant tout – la photo, ma famille, la vie que j'avais quittée – je me levai, me traînai jusqu'au lit et me laissai tomber la tête la première sur mon vieux couvre-lit douillet. Je dormis comme quelqu'un qui veut désespérément échapper à la réalité.

* * *

Lorsque mes yeux s'ouvrirent, je ne savais plus où j'étais. Il faisait jour, mais à peine. J'entendis des pas de l'autre côté de la porte et je regardai autour de moi sans comprendre, essayant de me rappeler confusément où j'étais.

Chambre d'hôtel mal décorée ? Non.

Étrange paysage de rêve peu familier ? Je me pinçai. Aïe ! Non.

Ah ouais. J'étais à la maison. À la nouvelle ancienne maison. Je m'étais fait larguer. Ma vie telle que je la connaissais était terminée. J'essayai de m'enfouir sous les couvertures…

Ma porte s'ouvrit brusquement. Kaleigh était là, sa tenue légèrement différente de celle de la veille – ses pantalons étaient maintenant d'un vert olive ennuyeux et son haut était toujours noir – mais elle avait le même air.

- Je m'excuse, dit-elle en voyant que je clignais des yeux de fatigue. Tu as dormi quelque chose comme vingt-quatre heures.

- Ouf ! tu rigoles, répondis-je. Je crois que je suis en train de mourir de faim.

- Probablement que oui, dit-elle en s'asseyant sur ma chaise de bureau. Heu… Maman dit que tu peux venir à l'école. Elle a tout arrangé pour que tu sois transférée ou quelque chose comme ça. Mais tu peux aussi attendre encore une journée si tu veux.

- Pourquoi pas le reste de ma vie, râlai-je, et l'ombre d'un sourire apparu sur son visage. Sérieusement, je n'ai rien à me mettre. Mes bagages ne sont pas arrivés, hein ?

Elle secoua la tête.

- Je peux te passer des vêtements si tu veux.

Je regardai sa taille de guêpe.

- Je ne pense pas réussir à entrer dans une taille zéro, répondis-je.

Elle tordit ses lèvres en une grimace qui, d'après ce que je me rappelais de la version plus jeune de son visage, et qui m'était beaucoup plus familière, exprimait de l'embarras.

- Ah, eh bien, dit-elle. Peut-être quelque chose appartenant à... maman ?

On se regarda silencieusement quelques instants, puis je tirai le couvre-lit par-dessus ma tête. Je gémis :

- Super, pourquoi pas me faire porter une robe d'intérieur et en rester là ?

Au lieu de me répondre, Kaleigh se leva et sortit silencieusement de la pièce. Je ne savais pas si elle était gênée d'avoir accidentellement fait référence à mon gros cul – c'est-à-dire de n'avoir pas vu qu'il me serait impossible d'enfiler une seule de mes jambes dans ses pantalons – ou si elle était furieuse que j'aie refusé son offre de me prêter des vêtements, ou si ce n'était aucune de ces réponses mais encore autre chose. Franchement, je m'en fichais. Tout ce que je savais, c'était que je me sentais complètement détruite, épuisée et sans espoir.

Quoi d'autre ?

Je n'irai pas à l'école aujourd'hui, merci beaucoup.

Chapitre 2

Poussée hors de mon lit par un besoin urgent, je finis par sortir dans le corridor quelques heures plus tard. Je serais retournée dans ma chambre si je n'avais pas senti l'odeur de bacon. Du bacon ! Personne ne cuisine du bacon à Los Angeles. Une imitation de bacon à base de tofu peut-être. Du bacon de dinde sans gras probablement. Mais du bon vieux vrai bacon ? C'était un mets aussi rare que le foie haché et les saucisses italiennes.

Je descendis les escaliers, mais personne n'était là. Je pris le téléphone et composai le numéro de téléphone cellulaire de Lindsay. Le répondeur se déclencha au bout de deux sonneries. Elle n'avait donc pas été licenciée et ne s'était pas fait débrancher son téléphone, mais elle n'y répondait pas non plus. Peut-être qu'elle avait vu mon indicatif régional sur son afficheur et qu'elle avait ignoré l'appel. Je me demandai si le studio l'avait réassignée à une nouvelle starlette. Peut-être même qu'elle était devenue la nouvelle assistante personnelle de ma remplaçante ! Est-ce que ça l'aurait même dérangée ? Ne se souciait-elle pas de moi ? En remettant le téléphone dans le support accroché au mur, je me demandai si ça lui arrivait de penser à moi.

Le bacon avait été déposé dans une assiette, sur un petit tas de serviettes en papier, comme une espèce d'offrande à Bouchearthèrus, Dieu du Cholestérol.

- J'accepte votre offrande, dis-je d'une voix grave en croquant dans le mets croustillant d'antan.

J'étais soudainement affamée.

- Tu n'as pas mangé depuis deux jours, dit une voix derrière moi.

La voix de ma mère, fidèle à elle-même. Je gardai mon regard baissé afin de pouvoir la visualiser telle que je me la rappelais.

- Je crois avoir rêvé à des cheeseburgers, dis-je en croquant dans mon deuxième morceau de bacon.

- Pourquoi pas un peu de chili ? J'en ai fait hier soir. Avec des pâtes dedans, exactement comme tu l'aimes. D'ailleurs il est presque l'heure du dîner.

Elle servit la viande épicée, les fèves et les pâtes dans un grand bol et le plaça dans le micro-ondes. On s'installa ensuite derrière la maison, face aux azalées.

- Tu n'en reviendrais pas des arbres à Los Angeles, dis-je entre mes bouchées et mes gorgées de lait. J'en avais un derrière chez moi avec des fleurs roses et jaunes.

- Je crois que je m'en rappelle, dit-elle.

- Tu sais, Lindsay s'est occupée de moi pendant quatre ans, et quand elle a vu ce qui se passait, elle a disparu, dis-je. Elle ne m'a même pas accompagnée à l'aéroport. Je pensais que... je sais bien qu'elle avait été engagée par le studio pour être ma tutrice, mais je croyais qu'elle... tu sais.

M'aimait, ajoutai-je silencieusement. Mais je me sentais trop idiote et naïve pour le dire à haute voix.

Elle soupira.

- Je l'ai toujours trouvée inconstante mais je n'avais pas réalisé à quel point elle était sans cervelle, me dit-elle. Si seulement j'avais pu rester avec toi. Ou si j'avais pu venir te chercher moi-même.

- Ouais. Eh bien...

À l'époque, nous n'avions pas vraiment parlé de son départ. Elle avait eu toute une série de petits problèmes de santé et avait décidé que le stress occasionné par la vie à Hollywood était trop pour elle. De plus, la nouvelle entreprise familiale avait besoin d'elle. Je lui avais promis que tout allait bien se passer : le studio s'occuperait bien de moi. C'était comme ça que ça se passait pour tous les autres enfants acteurs. Bien sûr, je ne m'étais pas attendue à ce qu'elle change autant que ça... Je lui jetai un coup d'œil à la dérobée.

- On dirait que des vacances te feraient du bien, maman. Qu'est-ce qu'ils te font ici ? Je sais que les affaires de papa vont bien. As-tu besoin d'un peu plus d'aide ou quelque chose ?

Elle secoua la tête. Elle paraissait incroyablement triste et lointaine.

- Oh, c'est juste que je ne me sens pas dans mon assiette ces derniers temps.

- Eh bien, tu n'as pas mauvaise mine. Je voulais juste... mon Dieu.

Une autre énorme bouchée, une autre gorgée de lait :

- Alors. Est-ce que mes bagages sont arrivés ?

- Pas encore, me répondit-elle. Je me disais qu'on pourrait aller faire les magasins.

- Oh, Dieu merci ! m'écriai-je. Je dois aller en ville. J'ai lu dans un magazine dans l'avion qu'il y a un Arden B., un Bébé et un Forever 21, tous dans le même quartier. Je peux simplement racheter tout ce que j'ai perdu dans mes bagages.

- Bon.

Je la regardai.

- En fait, chérie, je ne peux vraiment pas supporter d'aller en ville. Je pensais qu'on pourrait juste aller chez Marshalls, dans le centre commercial.

Marshalls...

Dans le centre commercial ?

- Ah, dis-je, soudainement envahie par un désir intense pour ma Coccinelle bien-aimée que j'avais dû abandonner. J'ai mon permis. Peut-être que je pourrais prendre ta voiture ?

- Je me disais que ce serait l'occasion de

passer un peu de temps ensemble, dit-elle. Je ne peux juste pas… Marshalls n'est pas si mal. Tu verras.

As-tu déjà senti une journée passer de mal en pis en une fraction de seconde ? De Arden B. à un centre commercial plein de Marshalls. Je ne suis pas en train de dire que tout ce qui compte ce sont les vêtements et les boutiques branchées, mais je n'avais rien à me mettre dans quoi je me sentais jolie et je crois que j'espérais bénéficier d'un bon shopping thérapeutique. Du shopping amusant. À la place, j'étais condamnée à passer la journée au centre commercial avec une femme qui ressemblait vaguement à ma mère, si celle-ci s'était faite enlever par des extra-terrestres et vieillir de cent ans lors d'une expérience scientifique. Je me sentais incroyablement mal à l'aise avec elle : elle parlait comme ma mère, faisait des blagues comme ma mère, mais quelque chose ne tournait pas rond, et je ne savais pas ce que c'était ni comment la confronter.

Et… Marshalls ?

Tuez-moi quelqu'un !

* * *

Une fois arrivées, je dois admettre que les fringues n'étaient pas si mal. J'avais l'habitude de dépenser deux cents dollars pour un haut en cas d'urgence vestimentaire, mais une partie de moi savait que c'était incroyablement ridicule comme comportement. Ici les vêtements des mêmes marques étaient à un dixième du prix.

- Il faut juste que tu te forces à ignorer tout ce qui est à motif floral, m'encouragea maman alors qu'on fouillait à travers les rangées de vêtements. Pose-toi la question « Qu'est-ce que Fran Drescher porterait ? », et si c'est ce qui se trouve entre tes mains, éloigne-toi prudemment.

Je ris.

- Tu l'adorais dans le temps, lui fis-je remarquer.

J'avais fait une apparition dans *Une nounou d'enfer* et ma mère avait eu l'occasion de discuter un peu avec Fran Drescher lors du tournage. Fran voulait savoir comment ça se faisait que je parlais si drôlement. « Ne sait-elle pas qu'elle vient de Queens ? » avait-elle demandé en riant de son rire lent et nasal. « Pourquoi ne parle-t-elle pas comme nous ? »

« Est-ce que nous on parle drôlement ? », avait répondu ma mère, riant du même rire, mais en version moins prononcée. Mon Dieu. Ma maman d'humour.

- Je l'aime encore. Elle. Pas ses vêtements.

- Qu'est-ce que tu penses de ça ? demandai-je, lui montrant un petit haut rose.

- Heu... dit-elle. Non.

- Maman !

- Tu n'achètes pas ça ! Je ne sais pas ce que Lindsay laissait passer, mais t'es encore une petite fille, même si tu as travaillé plusieurs années.

- Mon Dieu, j'ai seize ans.

- Exactement.

Je soupirai.

- C'est mon argent, lui fis-je remarquer dans un dernier effort pour la convaincre.

- Eh bien, quand tu auras dix-huit ans, tu pourras en faire ce que tu voudras. En attendant, essaye ça.

- Une tunique ?

- Essaye.

Maman assembla les trois tenues les plus ennuyeuses que j'avais vues de ma vie.

- Oh mon Dieu ! me plaignais-je de l'intérieur de la cabine d'essayage. Si mes amies me voyaient là-dedans, elles seraient pliées en deux.

Il s'agissait bien sûr des mêmes « amies » qui avaient commencé à m'ignorer dès l'instant où ma carrière avait piqué du nez. Aucune de nous deux n'avait besoin de mentionner cela.

- Écoute, chérie, je pense simplement que ce genre de truc ne te... t'avantage plus.

Je regardai dans le miroir. Je détestais l'admettre, mais elle avait raison. Les vêtements que je portais ne laissaient pas déborder mes bourrelets, qui avaient justement une fâcheuse tendance à déborder depuis quelque temps. Mais avant que mon cerveau ne puisse complètement digérer cette information, je réalisai comment elle me percevait.

- Tu me trouves grosse, dis-je catégoriquement.

- Je ne te trouve pas grosse, répliqua-t-elle. Je pense que tu es une adolescente tout à fait normale et que tu devrais t'habiller en conséquence.

Non, tu me trouves grosse. En fait, tu le

sais : je suis une baleine répugnante et c'est pour ça qu'ils m'ont mise à la porte et renvoyée à la maison. Je suis dégoûtante et grosse, mais tu sais quoi ? Toi tu es vieille et bouffie et t'as un air bizarre !

Je ne dis rien de tout ça. Je n'aurais jamais prononcé ces mots. J'ai même de la peine à croire que j'aie pu penser des choses pareilles. Mais en me regardant une dernière fois dans le miroir avant de renfiler mon ensemble *Juicy*, c'est exactement ce que je pensais.

- Tu ne vas rien essayer ? demandai-je en remettant mes bourrelets en place.

- Oh non, dit-elle, je suis trop fatiguée.

- On dirait que tu es toujours fatiguée, remarquai-je. Et tout le monde n'arrête pas d'en parler.

- Eh bien, hésita-t-elle un instant. Allez, passe-moi ces fringues. Je vais aller payer pendant que tu t'habilles. Je dois passer ramasser quelques trucs au supermarché en rentrant.

D'accord, me disais-je. *Tant que j'ai quelque chose à me mettre, je m'en fiche que ça soit rejetus extrêmus.*

- Oh mon Dieu, tu es... heu... tu es la fée !

- Rhiannon, dis-je en faisant mon plus beau sourire. Merci de regarder l'émission.

- Je peux avoir ton autographe ?

- Ah, bien sûr !

J'apposai ma signature dans le carnet de la fille, puis elle courut, toute excitée, rejoindre sa mère.

- Eh bien. Ça doit te faire du bien, dit ma mère.

- J'imagine, avouai-je.

Nous nous promenions avec notre chariot à travers les allées.

- Va choisir quelques bouquets de fleurs, me dit-elle. Ce ne sera pas le genre de bouquets dont tu avais l'habitude à Los Angeles, mais on peut essayer d'égayer un peu la maison.

Je me dirigeai vers le département des fleurs, à côté des caisses, et saisis un bouquet de roses jaunes.

- Non, prends-en des roses, lança-t-elle en me voyant les prendre. Prends-en plusieurs, des roses et des rouges aussi. Tu verras. J'ai un vase vert, elles seront splendides dedans.

- Ouais...

Je me pliai à ses ordres, même si je n'en voyais pas le but. Qu'est-ce que ces quelques fleurs pourraient bien changer ? Je revins vers elle alors qu'elle commençait à déposer ses achats sur le tapis roulant. Je laissai échapper un cri en voyant ce qui était blotti entre les légumes frais et la sauce tomate en conserve.

- Qu'est-ce qu'il y a ? me demanda maman, la main à la poitrine.

- Des Oréos ! m'écriai-je, tout en saisissant le paquet de biscuits noirs fourrés à la crème. Je ne t'avais pas vu les mettre dans le chariot ! J'avais oublié l'existence de ces biscuits !

- Ah, je suis surprise d'en avoir trouvé, dit-elle. Je n'en avais pas acheté depuis ton départ – Kaleigh refuse même de s'en approcher. Je me disais que tu aurais peut-être besoin d'un petit remontant.

- Oréooo, hurlai-je en imitant l'émission *Kung Fu* dont on regardait jadis les vieux épisodes. Arrache-moi le biscuit de la main.

Je le tendis vers elle et, pour la première fois depuis mon retour à la maison, un grand sourire illumina son visage.

- Si tu parviens à m'arracher le biscuit des mains, alors tu es un maîtrrrre, répliqua-t-elle.

Je ris.

- Je n'en reviens pas qu'ils vendent encore ces biscuits. On en mangeait toujours dans la voiture en revenant des répétitions.

- Je t'apportais toujours des fruits, me rappela-t-elle en payant et en ramassant les sacs d'épicerie.

- Des fruits ? Mon œil, répliquai-je.

- Tu as une banane dans l'œil ?

- Quoi ? Je n'entends pas, j'ai une banane dans l'oreille.

J'étais époustouflée par la rapidité avec laquelle les vieilles plaisanteries nous revenaient. On avait l'habitude de s'envoyer des vacheries durant tout le trajet de retour des répétitions. J'avais oublié d'où provenait mon sens de l'humour.

- Ma maman, dis-je.

- Rhee de mes rêves, répondit-elle avec un sourire à la fois satisfait et triste.

- C'est elle !

C'était la fille à qui j'avais donné mon autographe. Elle me montrait à sa mère. Je m'apprêtais à leur dire bonjour avec toute l'amabilité qu'on m'avait appris à déverser sur mes admirateurs.

- C'est elle qui est dans le journal ? demanda la mère. Elle n'a pas l'air si énorme que ça.

Je tirai sur la taille de mon kangourou afin qu'il rejoigne – éphémèrement – le haut de mon pantalon de jogging.

- Le journal ? demandai-je à ma mère.

Elle haussa les épaules.

Une fois dans la voiture, ma mère me regarda.

- Quoi ? demandai-je. Ce regard annonce des problèmes, j'en suis certaine.

- Tu vas devoir commencer l'école demain, me dit-elle.

Je reculai le dossier de mon siège le plus loin possible et poussai un gros soupir.

- Maman ! Ça fait à peu près mille ans que je ne vais plus à l'école.

- Oui, mais ce n'est pas sain de passer tes journées à broyer du noir à la maison.

- Je n'ai même pas encore eu l'occasion de broyer du noir. Ça fait quoi, cinq minutes que je suis revenue à la maison ?

- Je le sais, mais je veux juste éviter que tu perdes le nord. Je ne veux surtout pas me retrouver avec une Dana Plato.

- Maman !

Dana Plato ? L'ex-star de *Arnold et Willy* était l'antithèse de la sainte patronne des enfants acteurs, si une telle chose existe. Elle a eu une dépression nerveuse spectaculaire, une vie adulte terrible et une mort tragique, si bien que n'importe quelle mère digne de ce nom ferait n'importe quoi pour éviter un destin pareil à son enfant. Moi, j'étais responsable, j'avais une famille super et... j'avais certainement un avenir. Me comparer à elle était absolument horrible !

- Ne prends pas ce ton avec moi.

- Je suis sérieuse ! Je ne suis pas un bébé. Ça fait quatre ans que je m'occupe de moi-même.

- Eh bien, c'est vrai, dit-elle, ignorant le fait que je n'avais même pas eu à attacher mes propres lacets à partir du moment où le studio m'avait prise en charge.

En réalisant ce que je venais de penser, je me sentis encore plus fâchée et bouleversée.

- Mais si tu y penses comme il faut, tu verras que j'ai raison, continua-t-elle.

Je m'apprêtais à protester lorsqu'elle leva la main.

- Rhiannon, je suis fatiguée. Si tu ne veux pas aller à l'école, je ne veux même pas en entendre parler. Rentrons à la maison.

Ce que nous fîmes. En silence. Je me sentais si fâchée et impuissante que je ne savais pas comment réagir. Je n'allais certainement pas faire une espèce de crise de larmes. Je serrai les dents. Ce que j'avais réussi à entrevoir de mon ancienne mère avait disparu. Maintenant, tout ce que je voyais était ma très ancienne mère, la vieille femme bouffie et ennuyeuse de Queens qui était assise près de moi – c'était insupportable – sur la banquette avant d'un ridicule 4X4 carburivore que j'avais payé de ma poche. Je détestais cet endroit. Je n'étais pas certaine de l'endroit où j'aurais préféré être, mais celui-ci, je le détestais.

Nous étions toujours silencieuses lorsque nous arrivâmes devant la maison. Maman ramassa les sacs d'épicerie. Je saisis le paquet de biscuits qui se trouvait à l'intérieur de l'un d'eux.

- N'en rachète plus, dis-je sèchement. La dernière chose dont j'ai besoin, c'est plus de gras sur mes hanches.

Je montai les escaliers du perron, deux à deux, et courus ensuite directement dans ma chambre au deuxième. Le temps qu'elle ouvre la porte d'entrée, chargée de sacs d'épicerie, j'avais déjà claqué la mienne. Et ouvert le paquet de biscuits avec rage, comme par vengeance.

Chapitre 3

« Bon. Bon, bon, bon. » marmonnai-je. C'était le lendemain matin et j'étais en train d'enfiler un des ensembles que ma mère avait sélectionnés chez Marshalls. Je n'étais pas prête à admettre qu'elle avait raison à propos de quoi que ce soit : ni les vêtements, ni l'école, ni rien du tout. Mais passer la journée à traîner à la maison en sa compagnie était trop ennuyeux, étrange et déprimant.

On aurait dit que quelque chose se passait dans le corridor. J'entendis courir à gauche et à droite. Je perçus des chuchotements; mon père parlait du journal.

Lorsque j'ouvris la porte de ma chambre, Kaleigh se figea, les mains derrière le dos. Elle était debout à l'autre bout du corridor et la porte de la chambre à coucher de mes parents était ouverte.

- Qu'est-ce que tu as dans les mains ? lui demandai-je.

- Écoute, Rhiannon, me dit mon père, le regard posé sur ses bottes de travail.

- Montre-lui, soupira ma mère. Elle l'apprendra

de toute façon en allant à l'école.

Elle me regarda.

- Tu ne dois pas prendre ça au sérieux, m'ordonna-t-elle.

- De quoi parlez-vous ?

J'arrachai des mains de ma sœur un exemplaire du *Daily Post* qu'elle essayait de tenir hors de ma portée.

- Oh mon Dieu !

Je retins mon souffle en voyant la page couverture.

- Ne t'en fais pas, me dit Kaleigh en s'approchant de moi, et en se faufilant du même coup entre maman et moi, pour une raison ou une autre.

- Ça ne doit pas être une bonne journée pour les nouvelles, dit ma mère d'un ton qui se voulait obligeant.

FÉE CLOCHETTE GRASSOUILLETTE DÉVOILE SON DERRIÈRE, affichait la manchette. Et juste à côté était imprimée une photo de moi attendant mes bagages à l'aéroport LaGuardia. J'étais penchée pour lacer mes souliers et on pouvait voir mon string dépasser de mes joggings *Juicy*, lesquels, d'ailleurs, couvraient à peine mes grosses fesses. Des bourrelets débordaient des deux côtés et le mot *Juicy* me sautait aux yeux, accusateur.

- Je n'ai même pas… commençai-je. Où est-ce que…

Je vérifiai la date.

- C'est le journal d'hier. Où est celui d'aujourd'hui ?

Kaleigh recula, son autre main était encore cachée derrière son dos.

- Donne-le moi, lui demandai-je en tendant la main vers elle.

Elle soupira, puis me donna le journal. Cette fois-ci, je n'étais pas à la une. Mais j'étais – en couleurs – sur la sixième page.

- Oh franchement ? m'écriai-je.

Cette fois, c'était une photo de moi chez Marshalls, vêtue du même horrible ensemble peu flatteur, tenant des vêtements dans les bras. Les mêmes fringues idiotes que je portais présentement ?

Le sous-titre était : FÉE POTELÉE S'HABILLE POUR L'ÉCOLE ?

Je croyais que j'allais mourir. C'était pire que le rejet que j'avais vécu en me faisant mettre à la porte du studio. Ça avait été douloureux, mais maintenant un photographe envahissait ma vie privée, repérait quelles étaient mes pires craintes et les étalaient dans les pages d'un journal que tout le monde lisait en mangeant son petit déjeuner.

- Écoute, Rhee, je ne t'oblige pas à aller à l'école, me dit ma mère.

Mais je n'étais pas si stupide. Rester cloîtrée à la maison n'allait pas arranger les choses. Et l'idée même de passer une autre journée à me morfondre dans cette maison en mangeant des biscuits qui allaient me faire engraisser encore davantage, et en me demandant quand ma vraie mère allait faire son apparition, me paraissait pire que n'importe quelle autre proposition imaginable. J'eus une meilleure idée et ouvris la porte de mon placard avec vigueur.

Comme je connaissais ma mère, elle avait utilisé ce placard comme espace de rangement. En effet, je trouvai ce que je cherchais après avoir fouillé à travers quelques sacs dans le bas du placard. Le vieux pull de la NYPD appartenant à mon père, taille extra large. Le pull était presque assez long pour me couvrir toute entière. J'enfilai une paire de leggings noirs pour compléter l'ensemble. Chaussettes blanches, baskets noires – le camouflage parfait. Vêtue ainsi, personne ne me remarquerait. Ajoute à ça une casquette, avec les cheveux tirés à travers le trou à l'arrière, et voilà l'ensemble incognito hollywoodien idéal.

Je retournai dans le corridor.

- Voilà, je suis prête, dis-je à Kaleigh.

Elle me fixa :

- Tu n'es pas sérieuse.

- Qu'est-ce qu'il y a ? aboyais-je.

Elle me regarda un bon moment puis haussa les épaules.

- Fais comme tu veux, me dit-elle. Mais tu ne seras pas aussi invisible que tu le crois.

- Tant que j'ai l'air négligée, non pas grosse, ça me va.

Elle roula les yeux.

- Si tu te trouves vraiment grosse, c'est qu'ils ont dû te faire un lavage de cerveau plus approfondi que ce que je pensais.

Lavage de cerveau... Je laissai passer mais j'avais envie de dire : *Merci Dr Phil, mais ici, dans le vrai monde – de New York et Los Angeles – je suis énorme.*

- Tu es sûre, Rhee ? me demanda ma mère, m'observant de ses étranges yeux humides.

- Je suis sûre. Il faut bien que j'y aille un jour.

Je n'en peux plus de rester ici, ajoutai-je dans ma tête.

Mon père était debout en haut des escaliers. Je m'approchai de lui et le serrai dans mes bras. Je voyais son sac de voyage au pied des escaliers, accoté contre le mur.

- Je peux annuler ce contrat, offrit-il.

- Voyons, lui dit Kaleigh. Papa, tu as été engagé pour concevoir la cuisine de Jerry Seinfeld dans les Hamptons. Tu ne peux pas annuler ce contrat – c'est exactement l'opportunité que tu attendais. Je peux prendre soin de maman.

Les affaires de papa allaient bien, mais ce contrat le propulserait au sommet. Ça impliquait qu'il passerait la semaine, et même parfois les week-ends, dans la partie la plus chic de Long Island, à des heures de route de chez nous. Mais Jerry (comme l'appelait papa) lui donnait, à peu de choses près, carte blanche et sa réputation allait complètement... C'était important, tu comprends ? Je le savais. Je n'allais pas lui faire une crise de fille en détresse et l'obliger à renoncer à la plus grande opportunité de sa carrière. Il ne m'avait pas empêché de sauter sur la mienne, après tout.

J'étais capable de faire face à tout ça.

- C'est bon, insistai-je. Ça va aller.

Je le dis d'un ton si ferme que j'en étais presque convaincue moi-même.

- Allez, viens Kaleigh. Allons récolter de quoi alimenter la psychothérapie dont on aura besoin à quarante ans.

Ma mère ricana et, après avoir donné un dernier bisou à mon père, je descendis les escaliers et sortis de la maison.

Quant à savoir pourquoi ils se souciaient de qui s'occuperait de maman – je ne me posai même pas la question.

Garde à l'esprit que je n'avais pas mis les pieds dans une vraie salle de classe depuis la quatrième année. Quant à se déplacer dans des couloirs bondés en ayant l'air nonchalante, je n'avais aucun point de repère mis à part un épisode d'*Une aile et une prière*, lors duquel, déguisée en simple mortelle, je devais convaincre une adolescente suicidaire que la vie valait la peine d'être vécue.

En entrant dans l'établissement, je réalisai que peu importe ce que mon personnage avait dit à la jeune fille, je n'avais eu aucune idée de ce que celle-ci vivait. Le lycée était intimidant. L'école avait une odeur particulière : l'odeur d'adolescents nerveux et de manuels scolaires désuets. Sans parler de la nourriture de cafétéria. Et de la cire à plancher. Des élèves fourmillaient partout : ils parlaient en groupe, se déplaçaient en groupe, passaient d'un groupe à l'autre. Moi, je n'avais pas de groupe. Si je n'avais pas été avec ma sœur, je crois que je serais morte de honte.

Pourtant personne ne m'adressait la parole – ce que j'appréciais plus ou moins. Mais ils me jetaient des regards obliques, puis se retournaient vers leur groupe et chuchotaient. Moins bien. Je ne savais pas si je devais reconnaître le fait qu'ils savaient qui j'étais ou faire l'innocente. J'essayais de me visualiser comme étant enfermée dans une petite bulle – c'était ce que je faisais des fois quand j'allais au centre commercial de Beverly Hills et que je me lassais de signer des photos pour mes innombrables admirateurs. Je me créais une petite bulle d'intimité et m'imaginais que seul mon bras en dépassait, pour serrer les mains et manier le stylo.

Mais il s'agissait alors de me protéger du regard envieux de mes admirateurs. Ici, personne ne savait que penser de moi, s'il fallait me parler. Pas du tout. J'avais donc l'étrange sentiment que je me faisais ignorer tout en étant le centre de l'attention. Pas très clair, hein ?

- Écoute, me dit Kaleigh, prenant le ton d'un soldat qui expose les grandes lignes d'une invasion du village ennemi. J'ai des cours au premier étage, avec les autres de mon année. Toi, tu vas devoir monter au deuxième pour tes cours. Mais d'abord, je crois que tu dois passer au bureau du directeur. C'est par là.

- Attends ? dis-je. Est-ce que tu peux... tu ne veux pas venir avec moi ?

Elle me regarda.

- Je peux. Est-ce que tu veux que je vienne avec toi ?

On aurait dit qu'on se défiait en duel. Mais, en vérité, je voulais juste être en compagnie de quelqu'un pour encore cinq minutes, même si la personne en question semblait vouloir m'étriper pour des raisons inconnues.

Et puis merde, pourquoi pas ?

- Oui, j'aimerais bien que tu viennes avec moi, lui avouai-je, me sentant pour une fois plus gamine que ma petite sœur.

Alors elle m'accompagna.

Le directeur, un énorme gars avec la tête rasée et une petite barbe, donnait l'impression qu'il serait plus à l'aise dans un ring de lutte. Il était tout émoustillé en me voyant arriver dans son bureau. Il offrit de m'accompagner à mon premier cours, offre que je refusai sur le champ. Il me tendit mon horaire, et quand la cloche annonça le premier cours de la journée, il ne me restait plus qu'à monter les escaliers et faire face à mon destin.

- Alors ? demanda Kaleigh du bas des escaliers.

- Ouais, répondis-je. Alors on va voir.

- Ça va être chiant, m'informa-t-elle. C'est

chiant pour tout le monde. Mais au moins les autres et moi, on sait à quoi s'attendre.

Je hochai la tête. C'était vrai. Ça allait être chiant.

* * *

Et, effectivement, ce fut chiant. Mes tentatives d'entrer dans les salles de classe de mes cours de français III, d'histoire américaine I, d'anglais III et de physique sans me faire remarquer furent particulièrement chiantes. Chaque fois, j'essayais de me glisser derrière un bureau dans le fin fond de la classe. Et à chaque fois, le professeur me remarquait et m'évitait soigneusement. C'était comme s'ils avaient tous suivi un atelier sur l'art d'éviter de créer un sentiment de gêne chez la rejetée d'Hollywood, art qui avait pour effet paradoxal de créer un sentiment de gêne encore plus prononcé chez la rejetée d'Hollywood. À chaque fois, l'atterrissage de mon derrière sur la chaise était presque immédiatement suivi de chuchotements, de coups de coude et de chutes de crayons offrant à leurs propriétaires l'occasion de me jeter un coup d'œil.

Ah, très subtil, avais-je envie de crier. Mais, chaque fois, je me contentais d'ouvrir mon cahier et de prendre les manuels en surplus qu'on me passait, m'appliquant à inscrire soigneusement mon nom sur l'autocollant apposé à l'intérieur du livre.

Cela me sauta rapidement aux yeux qu'en dépit de la structure sociale de cette école qui puait la purée de patates et le M. Net, le travail scolaire allait être un jeu d'enfant. Ennuyeux, même. J'avais beau être en retard socialement parlant, j'étais en avance de plusieurs années-lumière en ce qui concernait les études. Les professeurs qui travaillent sur un plateau de tournage peuvent t'accorder toute leur attention, et j'en avais eu de vraiment bons qui ne toléraient pas la paresse. Beaucoup de gens que je connais – je parle de gens qui travaillent dans le domaine du cinéma et de la télévision – se plaignent de leurs professeurs, mais c'est souvent parce qu'ils doivent les partager avec toute une classe d'enfants acteurs. Moi, j'étais la vedette de l'émission, qui avait un gros budget, et j'étais en fait la seule enfant qui était régulièrement sur le plateau de tournage. Alors j'avais beaucoup de veine : les professeurs étaient là tout le temps, juste pour moi.

Bien sûr je ne réalisais rien de tout ça jusqu'à ce que j'aille à mes cours. J'avais déjà fait du calcul intégral, cependant à cette école, seuls les étudiants de dernière année avaient le droit de suivre ce cours. Je devais donc refaire le cours d'algèbre. Je fus horrifiée d'apprendre que dans le cours d'anglais, une partie du travail de classe consistait à lire Hemingway, un chapitre à la fois, à voix haute. De la lecture à voix haute. On était où, à la maternelle ? Ne pouvaient-ils pas lire à la maison ? Je ne sais pas, mais moi, j'avais passé la plus grande partie de mon enfance entourée d'adultes, alors je ne voyais pas l'apprentissage comme quelque chose que tu fais simplement dans le but de réussir un examen. J'aimais véritablement discuter avec mes professeurs, qui étaient pour la plupart des étudiants de deuxième cycle de UCLA, complètement obsédés par leur champ d'études.

Ils n'avaient rien à voir avec les enseignants de ce lycée public de Queens, qui semblaient découragés, le désintérêt de leurs élèves les ayant complètement vidés de tout l'enthousiasme qu'ils avaient pu avoir jadis pour leur matière.

Mon Dieu, je parle comme une snob. Mais c'était une telle perte de temps. Pourquoi passer quatre ans de sa vie quelque part si tu n'en retires rien ?

Le fait que je savais que j'allais pouvoir obtenir d'excellentes notes sans avoir à lever le petit doigt paraît génial, mais c'était en fait un facteur de stress de plus. Parce que là, je n'avais plus rien pour me distraire des regards, des commentaires qui circulaient et des crayons qu'on laissait tomber par terre. À partir du troisième cours de la journée, je me mis à tester la vitesse maximale avec laquelle j'étais capable d'écrire. Si je parvenais à recopier tous les mots prononcés par le prof, je gagnais. Si je manquais une phrase, je dessinais une étoile noire dans la marge de mon cahier. Si le prof s'interrompait pour écrire quelque chose au tableau, j'imitais son écriture et dessinais une réplique exacte du tableau noir dans mon cahier.

Tout ça pour me distraire. J'essayais simplement de trouver un moyen d'ignorer l'aura d'attention impossible à ignorer qui me collait à la peau comme un costume de bain mouillé. Et peu importe à quel point mes manœuvres étaient brillantes, elles avaient leurs limites. Car vint l'heure du dîner.

La cafétéria du lycée : j'en avais fait l'objet d'une étude fascinée quoique informelle depuis de nombreuses années. Voici d'où provenait toute mon information : *Heathers, 10 choses que je déteste de toi, Méchantes ados* et *Bowling à Columbine*. Et tu te demandes pourquoi j'étais terrorisée ?

Mon premier instinct fut la fuite, mais l'odeur ô combien alléchante de croque-monsieur m'en empêcha. Ouah ! Quel est le pouvoir envoûtant du fromage fondu ? Je décidai de tenir bon, juste pour aujourd'hui, et de voir comment ça allait se passer.

Je pris un plateau.

J'empilai deux croque-monsieur et du ketchup dans mon assiette, ainsi que quelques patates.

J'entrai dans la salle à manger principale de la cafétéria.

La réaction, plutôt honorable, de mes nouveaux camarades ne fut pas de se taire abruptement, les yeux braqués sur moi. J'étais consciente des chuchotements et des regards lancés dans ma direction, mais c'était supportable. Je pouvais vivre avec. Je me dirigeai vers une table libre que j'avais remarquée dans un coin oublié de la salle, y déposai silencieusement mon plateau et jetai un coup d'œil autour de moi. J'y étais arrivée. J'avais un livre derrière lequel me cacher. Et j'avais des croque-monsieur.

Tout sembla relativement sain jusqu'à ce que je lève le regard pour voir qui se dirigeait dans ma direction : trois filles très bronzées et très à la mode qui avaient également l'air très populaires.

- Alors, dit celle qui se trouvait le plus près de moi, ses cheveux bruns coiffés en une sculpture capillaire digne de la page couverture de *Seventeen*. Si ce n'est pas notre chère petite fée.

J'essayai de leur faire mon radieux sourire de remerciement habituellement réservé aux admirateurs de mon émission. Je n'étais pas certaine que ce serait suffisant pour dévier ce qui semblait être de l'hostilité, mais je l'espérais.

- Est-ce qu'on peut se joindre à toi ? me demanda la fille aux mèches blondes coiffées en queue de cheval sur le dessus de la tête. Ça n'aurait pas de sens que l'unique célébrité du lycée mange toute seule.

Je déplaçai mon plateau pour leur faire de la place bien que je fus seule à cette table.

- Asseyez-vous, leur dis-je d'un ton méfiant.

- Moi, c'est Angela, me dit la brune. Ça, c'est Shannon et ça, c'est Gina.

Elle désigna les autres filles de ses mains aux ongles manucurés. Je hochai la tête en direction des autres filles et de leurs raisonnables assiettes de salade.

- Enchantée, répondis-je. Moi, c'est Rhiannon.

- On le sait, me dit Angela avec un sourire que j'aurais facilement imaginé sur le visage de Lindsay Lohan ou une des autres filles que je connaissais à Los Angeles.

Mon cœur se mit à battre à un rythme moins effréné et mon sourire devint un cran plus authentique.

- Mais qu'est-ce qui se passe avec... tes fringues ? me demanda-t-elle.

- Ah ? m'écriai-je en baissant le regard. Mes bagages se sont perdus. J'étais en retard pour mon vol et on dirait qu'ils ne m'ont pas suivi jusque dans l'avion. J'aurais envie d'étriper tous les employés de la compagnie aérienne, crois-moi.

- C'est tellement chiant, dit Shannon. Ça m'est déjà arrivé ? Quand j'étais en vacances en Jamaïque avec ma famille ? Et ils les ont seulement retrouvés quand on était sur le point de rentrer ?

Ses yeux étaient si écarquillés qu'on pouvait presque les voir entre les épaisses couches de eye-liner et, oui, toutes ses phrases semblaient être des questions :

- J'ai été obligée d'acheter un maillot de bain là-bas. Je l'ai encore d'ailleurs. En fin de compte, il est assez mignon.

Je redirigeai mon regard vers Angela, qui avait sans doute donné son approbation indispensable dès la première seconde où Shannon était rentrée de vacances.

- Moi je n'utilise que des bagages à main, ajouta Gina.

- Je n'arriverais même pas à faire rentrer mes paires de souliers dans un bagage à main, déclara Angela et nous nous mîmes toutes à rire.

Je sentais un changement subtil dans le regard de ceux qui faisaient comme s'ils ne me regardaient pas : de curieux, il était maintenant passé à envieux.

- Bref, je voulais aller faire du shopping mais je n'ai pas encore eu le temps d'y aller, dis-je.

- Alors c'est réglé, déclara Angela. Après l'école, on prend le train jusqu'en ville et on se tape toutes les boutiques branchées.

- Il y a un Arden B., n'est-ce pas ? demandai-je, espérant que les filles d'ici aimeraient les mêmes choses que moi.

- But of course, répliqua-t-elle. Hé ?

Elle hurlait en direction de quelque chose qui se trouvait juste derrière moi. Je me retournai et aperçus une clique de gars tout droit sortis d'un catalogue de *Abercrombie & Fitch*.

- Oh Mon Dieu ! dis-je.

- On ne vous trouvait plus, dit un des gars. Vous avez changé de table.

- Je vois que vous avez quand même réussi à nous retrouver, leur dit Angela. Asseyez-vous.

Rhiannon, je te présente les gars : T, Tony, Anthony et Smitty.

- Est-ce que tout le monde ici s'appelle Anthony ? voulais-je savoir.

- Tout le monde sauf Smitty, répondit Gina.

Même s'il l'avait souhaité, T n'aurait pas pu me répondre car sa figure était en train de se faire engloutir par les lèvres de Shannon.

- Franchement Gina, Smitty aussi s'appelle Tony, dit Angela d'un ton brusque.

- Anthony Smith, lui dit Smitty avec un sourire qui ressemblait remarquablement au sourire tatoué dans le dos du gars de l'émission *Jackass*.

- C'est pas vrai, dit-elle avec un regard confu. Comment ça se fait que je n'étais pas au courant ?

- Parce que t'es complètement paumée, s'esclaffa Angela.

Tout le monde rit, incluant Gina. Je détournai le regard et me retrouvai yeux à yeux avec celui qu'elles appelaient Anthony.

- Alors, Anthony, lui dis-je. Qu'est-ce que tu portes, une veste d'équipe sportive ?

- Je joue au football, me répondit-il.

- Ça crève les yeux, lui dis-je et il me regarda sans comprendre. C'est évident, j'veux dire.

Il me sourit. Oh ? Joli. Joli sourire.

- Tu sais, me dit-il en se penchant vers moi pendant qu'Angela bavardait avec sa petite cour. J'ai déjà vu ton émission.

- N'est-ce pas un peu fillette comme série pour un joueur de seconde ligne comme toi ? demandai-je d'un ton coquet.

- Je suis quart arrière.

- Ah, d'accord. Un gars comme toi devrait regarder *Most Extreme Elimination* ou *Smackdown*, non ?

- Je devrais. Mais j'avais un faible pour le personnage principal.

- De *Smackdown* ?

- Non. De ton émission.

- Ah, vraiment ?

Je lui jetai un regard espiègle.

- Eh bien, c'est très flatteur, Anthony.

- Ouais.

Le joli sourire réapparut sur son visage et je me dis : *ouah ! ce n'est peut-être pas le renard le plus rusé, mais c'est sans aucun doute le plus mignon*.

Je passai le reste de l'heure du dîner à tout leur raconter sur ma maison de plage (ils l'avaient vue à la télévision), mes soirées au Viper Room (ils voulaient savoir si j'y avais déjà vu Johnny Depp – la réponse était non) et ma chère Coccinelle (ils étaient aussi attristés que moi face à sa perte). Et j'étais passée – ou plutôt ils m'avaient permis de passer – d'âme en peine à chic clique. En quittant la salle à manger, j'aperçus Kaleigh à l'autre bout du couloir, elle se dirigeait vers moi, s'apprêtant à me dire quelque chose mais s'arrêta net en repérant Angela, Gina et Shannon à mes côtés.

- Salut, lui lançai-je en me détachant des autres qui créèrent alors leur propre petit groupe.

- Je voulais juste voir si tu... eh bien, on dirait que tu as tout ce dont tu as besoin, me dit-elle en regardant Angela et le reste de la clique comme s'il s'agissait d'une énigme déconcertante.

- Je me suis fait quelques amies, avouai-je.

Pourquoi se comportait-elle comme si j'avais enfreint les dix commandements ?

- Si tu veux les appeler tes amies.

- C'est quoi ton problème ?

- J'en ai pas.

Elle secoua la tête.

- J'aurais dû me douter que je n'aurai pas de souci à me faire pour toi.

- Kaleigh ? Viens faire leur connaissance, lui dis-je. Elles ont l'air plutôt sympathiques. Je suis certaine que si tu venais juste leur dire bonjour...

- Non, vraiment, merci. J'étais simplement en train de te taquiner.

L'ombre d'un sourire passa sur son visage.

- J'ai rendez-vous avec des gens à la bibliothèque après l'école et je me disais que tu aurais peut-être envie de venir avec moi, mais tu devrais passer du temps avec tes amies.

Je jetai un coup d'œil en direction des filles.

- On va aller faire du shopping en ville, lui dis-je. Est-ce que tu veux te joindre à nous ?

- Négatif, répondit-elle. Mais amuse-toi bien. Bon, alors à plus.

- À plus, lui lançai-je, mais elle était déjà partie.

- Qui est cette nulle ? me demanda Gina.

- C'est ma sœur.

- Ah. Alors elle n'est peut-être pas si nulle que ça.

Je lui souris gracieusement car je voulais éviter d'étriper une de mes trois sauveteures.

- Peut-être pas, lui dis-je.

J'avais l'impression d'être un gros tas d'ordures. Eh bien, au moins j'étais un tas d'ordures qui avait quelques amies.

Chapitre 4

Avoir le fou rire, occuper toute la place dans les cabines d'essayage et se parler sur nos cellulaires alors qu'on est à peine à quelques mètres de distance les unes des autres – voilà les passe-temps douteux d'une bande de filles en ville. Peu importe à quel point je nous savais ridicules, je me sentais complètement à l'aise et heureuse pour la première fois depuis cette fatale entrevue télévisée. Je ne sais pas trop – ce devait être à cause du mélange enivrant de compagnie féminine, d'odeur de fringues neuves et d'utilisation frénétique de cartes de crédit.

Oui, les gens me remarquaient, mais ils le faisaient de la même manière décontractée et banale qu'à Los Angeles. Être une célébrité dans une ville pleine de célébrités – faire du shopping chez *Trader Joe*, attendre le début d'un cours de yoga – n'avait vraiment rien à voir avec être une célébrité dans un centre commercial ou dans... mon lycée. Les gens ne se mettaient pas à chuchoter entre eux après m'avoir vue; ils me regardaient, enregistraient ma présence et passaient à autre chose. Personne n'était impressionné. Et même s'ils me pointaient du doigt en chuchotant, ils le faisaient respectueusement, à une certaine distance de moi, et sans cette pointe d'hostilité que je ressentais à l'école. En plus, j'avais maintenant mon armée d'œstrogènes pour me protéger; je portais Angela, Shannon et Gina comme une armure de rires et de cris aigus. Et même si je n'avais actuellement plus de revenu, j'avais bien assez d'argent pour payer ma facture Visa.

En essayant différents ensembles, je ne passai à vrai dire que très peu de temps à me regarder dans le miroir. Je ne portais pas beaucoup plus d'attention aux tailles des vêtements que j'étais forcée de choisir – principalement du six et du huit, et même du dix à une ou deux reprises. Je voulais seulement m'amuser. Je voulais juste m'habiller comme je m'habillais à Los Angeles, avec des fringues qui me rappelaient la vie heureuse et sans souci que je menais là-bas. Une mini minijupe sexy à plis, un cache-cœur en chiffon, un débardeur épaules dénudées rayé, un veston court dont le revers était garni d'une énorme fleur artificielle, de hauts décolletés à motifs de tapisserie, un débardeur transparent en dentelle, un poncho multicolore, un bustier à lacet, une robe en tissu froissé. Tous ces vêtements m'attiraient. Chacun criait : *Jeune ! Fun ! Sans souci ! Pas de problème !* Et soyons francs : c'était un message qui correspondait exactement à ce que je voulais entendre.

Si un miroir voulait entraver mon bonheur du moment, ce miroir allait échouer.

De toute façon, j'avais trois paires d'yeux maquillés qui me surveillaient. Je demandais à Angela si les fringues m'allaient bien et elle me faisait signe que oui. Ça faisait tellement de bien d'avoir des amies; je ne pris pas la peine d'exiger quelque chose de plus profond que des béni-oui-oui.

Alors que Gina et une vendeuse se disputaient, à savoir si oui ou non elle avait dépassé sa limite de crédit, je décidai de prendre l'air et sortis du troisième magasin, les bras pleins de sacs. En dépit du soleil pas encore très chaud en ce début de printemps, je mis mes toutes nouvelles lunettes de soleil incrustées de pierres précieuses. Je fus distraite par ce geste et fonçai dans quelqu'un. Mes sacs tombèrent par terre et je laissai échapper un « Oh ! Désolée ! » en me penchant pour les ramasser.

- Putain de merde. Rhiannon ?

Je levai la tête.

- Bonjour, répondis-je avec mon sourire chaleureux de célébrité.

Le grand gars décoiffé et dégingandé qui me regardait était mignon dans son genre artiste négligé. Son visage ne me disait rien.

- C'est moi, Léo, me dit-il.

- Ah ! Léo !

J'encerclai sa taille de mes bras enguirlandés de sacs.

- J'ai jeté un coup d'œil par la fenêtre de ta chambre le jour où je suis revenue ! Elle contient un métier à tisser maintenant.

- Oui, mes parents ont vendu la maison à un couple de retraités, répondit-il. Ils ont dû faire démonter ce truc pour parvenir à le monter jusque là-haut, pour ensuite le remonter.

- Alors, où est-ce que tu habites maintenant ?

- Dans Chelsea. Près de *Comme chien et chat*.

- C'est pas vrai. Tu fais toujours ça ?

Il eut l'air vexé.

- Ouais, Rhee. Tout le monde ne laisse pas tomber ses amis la seconde où Hollywood les sonne.

- Ce n'est pas ce que je voulais dire, répliquai-je, me sentant aussitôt envahie par une vague irritation.

- C'est devenu une grosse affaire, m'informa-t-il. Kenny a ouvert un théâtre, et des jeunes de toute la ville y étudient.

- Tu étudies toujours, toi ?

- L'apprentissage d'un art n'a pas de fin, surtout dans le milieu du théâtre, déclara-t-il.

Mon Dieu, pour qui se prend-il ?

- En tout cas, je fais partie de la troupe de théâtre maintenant. Nous donnons des représentations pour les jeunes et enseignons à l'académie.

- Ah, l'académie, dis-je en laissant mon irritation l'emporter. Eh bien, ça paraît plutôt prétentieux, ça.

- Je suis certain que ça n'arrive pas à la cheville des exigences intellectuelles de ta série.

- Il s'agissait d'une dramatique télévisée, et c'était plus intelligent que tu ne le crois, dis-je. De toute façon, ça n'a plus beaucoup d'importance maintenant, n'est-ce pas ? N'as-tu pas eu vent de ce qui s'est passé ?

- Ton renvoi, me dit-il. J'en ai entendu parler. C'est dommage que tu ne réalises pas que d'avoir arrêté de jouer dans cette émission est la meilleure chose qui ait pu t'arriver.

Je ricanai.

- Ouais, eh bien j'imagine que je ne suis simplement pas aussi perspicace que toi, dis-je d'un ton sec, contente de voir qu'Angela et compagnie se trouvaient enfin derrière moi.

- Eh bien, il semble que tu est retombée sur tes pieds, dit-il en jetant un coup d'œil à mes nouvelles amies.

- Je vais parfaitement bien. C'était sympathique de te revoir, dis-je en me dirigeant vers le métro de Prince Street.

- Tu devrais venir faire un tour un de ces quatre, me cria Léo. On commence un nouveau spectacle. Tu pourrais peut-être revenir travailler avec nous.

- Oui, à l'académie, lui répondis-je. Ce serait fabuleux. J'y serai tout de suite, dès que je trouve mon col roulé noir et mon CD de Morrissey.

Ma vacherie plus ou moins drôle fut sauvée par les rires de mes amies. Elles n'étaient pas sûres de quoi je parlais mais savaient que j'essayais de lancer une vacherie à ce drôle d'emmerdeur et elles surveillaient mes arrières.

Je jetai un coup d'œil derrière moi en vitesse, mais Léo s'était déjà retourné. Je ne savais pas pourquoi il me tapait sur les nerfs si facilement. C'était comme s'il me jugeait, sans même savoir qui j'étais devenue après six ans de séparation. Je savais que son opinion n'avait pas d'importance, mais il m'avait contrariée. Et je venais de faire ma méchante avec lui.

Eh bien, tant pis. Il pouvait très bien gaspiller ses après-midi dans son petit lieu sacré tout peint en noir dans Chelsea. Moi, j'avais d'autres chats à fouetter, et ces chats n'avaient rien à voir avec le théâtre, ni les représentations, ni mon cœur brisé par Hollywood – ou par quiconque.

* * *

J'avais évité de me laisser briser le cœur. Bien sûr, ça ne m'empêcha pas le lendemain matin de me sentir étrange et minable. Qu'est-ce que j'avais ? Tout se passait plutôt bien. J'avais conquis le lycée avec succès. J'étais populaire. Et j'étais à la maison comme j'étais censée l'être. Je ne devais pas aller travailler tous les jours; je pouvais enfin être une adolescente normale.

C'est censé être normal tout ça, non ? Si j'étais désormais normale, pourquoi est-ce que j'avais l'impression de manquer de quelque chose d'essentiel ?

Je me retournai dans mon lit. Peut-être que c'était cette chambre à coucher. J'avais probablement juste besoin de l'arranger un peu, de changer un peu son look. Voilà ce qu'il me manquait : une petite rénovation de mon habitat.

- Où est-ce que tu achètes des couvre-lits, des rideaux et d'autres trucs dans le genre ? demandai-je à Kaleigh, en glissant ma tête dans sa chambre.

- Moi ? répondit-elle.

Je survolai sa chambre du regard. Les murs étaient peints d'une couleur prune foncée et les rideaux étaient en chiffon noir. Les moulures qui faisaient le tour de la fenêtre étaient dorées, le rebord de la fenêtre aussi. Et elle avait réussi à trouver une housse de duvet avec Sally de *Nightmare before Christmas* dessus.

- Non, pas toi, répondis-je. Moi. Où est-ce que moi, je pourrais trouver des couvre-lits et des rideaux ?

- *Bed Bath*, j'imagine, dit-elle.

- Mon Dieu, soupirai-je. Il n'y a pas d'endroit plus branché que ça ?

- Heu… *Urban Outfitters* ?

- Ah, tu vois ? dis-je en me déridant. Viens avec moi.

- Ah, je ne sais pas, gémit-elle.

- Qu'est-ce qu'il y a, tu as de gros engagements ? lui demandai-je. Tu allais inviter les sorcières du coin à venir célébrer la Fête de

Beltane avec toi ?

Elle me lança un regard.

- Tu ne peux pas demander à une de tes futures Miss J'sais pas quoi de t'accompagner dans ton petit exercice de consommation de masse ?

- Pourquoi est-ce qu'elles te posent un tel problème ? voulais-je savoir. Elles sont sympathiques avec moi. Elles sont très bien d'ailleurs. Ce n'est pas comme si toi tu voulais te tenir avec moi à l'école. Ou même ici, pendant qu'on y est. Si j'étais du genre parano, je dirais même que tu t'en fous complètement que je sois revenue vivre à la maison.

Elle tapait son long pied blanc contre le pied de son lit en fer forgé.

- Bien sûr que je ne m'en fous pas, murmura-t-elle. C'est juste que ça fait un bon bout de temps que tu es partie. C'est un peu bizarre.

- Ouais, t'as raison, lui dis-je. Mais on peut s'y faire, non ? Ce n'est pas comme si on ne se connaissait pas du tout. T'es sûre que c'est tout ce qu'il y a ?

Son regard sombre revint brusquement se poser sur moi – intense et interrogateur.

- Qu'est-ce que tu veux dire ?

Ah. On aurait dit que j'avais touché un point sensible.

- Je ne veux rien dire, lui dis-je. Mais d'après la manière dont tu me regardes, je dirais qu'il y a quelque chose qui se passe. Allez, crache.

Son regard revint à son état précédant

– que j'aurais qualifié de languissant si j'avais eu un dictionnaire sur moi. On aurait dit qu'une porte s'était refermée sur son visage.

- Non, c'est tout, dit-elle. C'est juste bizarre. Mais si tu veux que je vienne avec toi, je le ferai.

- C'est bon, ne me rends pas de service.

Elle me fit un sourire moqueur.

- Mes sorcières peuvent bien attendre.

Le trajet en train jusqu'en ville ne fut pas si mal – on habite sur une ligne express, alors il ne fallut qu'une demi-heure environ pour arriver au West Village. Je dois avouer que vivre dans une ville qui a de bons transports en commun était agréable. J'avais toujours eu un problème avec la limousine qui me conduisait au studio parce que j'ai facilement mal au ventre en voiture. Et les bouchons de circulation sur l'autoroute... eh bien, il fallait toujours compter quelques heures de plus à certains moments de la journée. Et en dépit du fait que j'adorais ma voiture, je n'adorais pas devoir me concentrer sur la route quand tout ce que j'avais envie de faire c'était de rêvasser. Le métro, par contre, semblait être conçu justement pour rêvasser. Kaleigh et moi étions assises vers l'avant, sur un banc à deux places, avec nos pieds sur le banc devant nous. Les lumières clignotantes du tunnel et le mouvement régulier du train souterrain avaient un effet apaisant et hypnotique.

- Ça fait quelques jours qu'on ne m'a pas

vue dans le *Daily Post*, remarquai-je.

- Dieu merci, dit Kaleigh. C'était brutal. J'aurais bien aimé entrer comme un ouragan dans leurs quartiers généraux et mettre le feu au bureau du photographe.

- Ouais, puis il t'aurait pris en photo en pleine action grâce à son appareil résistant aux flammes, répondis-je. Ça ferait un article génial, non ? Le seul événement capable de me voler la une serait les jumelles Olsen braquant une banque.

- Je ne comprends pas pourquoi ils avaient besoin d'être si méchants, dit-elle. Tu n'es pas grosse. Tu à l'air tout à fait normale.

Mes mains se posèrent sur mes cuisses afin de les cacher dans un geste inconscient de conscience de soi, si une chose pareille existe.

- Peu importe. Je m'en fous de ce qu'ils peuvent bien dire, répliquai-je, sachant que je mentais.

- Ouais, c'est ça, me dit-elle. Je te crois.

- Non, pour de vrai, insistai-je. S'il te plaît. J'ai choisi d'être une comédienne; j'ai choisi de mener une vie publique. Juste parce qu'on m'a dé-choisie, ça ne veut pas dire qu'ils doivent arrêter de s'intéresser à moi.

- D'où sort cette théorie ? Du camp d'entraînement de célébrités ? voulait savoir Kaleigh. T'as le droit d'être en pétard contre ce que ces idiots t'ont fait.

- Eh bien, le jour où j'aurai une dépression nerveuse, je te tiendrai au courant, dis-je calmement. Mais en vérité, je m'en fous comme de l'an quarante de ce qu'ils peuvent bien penser de moi. Je veux simplement retrouver une vie plus ou moins normale.

- Si on savait ce qu'est une vie normale, dit-elle.

- Si on savait, répétai-je.

Une fois arrivée au grand magasin branché, je réussis à trouver exactement le genre de trucs que je cherchais. Des rideaux rouges recouverts de petits astérisques en velours. Un édredon avec un motif rétro multicolore. Des coussins qui ressemblaient à de petites bûches de bois.

- *It's lo-og, it's lo-og, it's big, it's heavy, it's wood*, chanta Kaleigh, citant une chanson d'un épisode du dessin animé *Ren & Stimpy* qu'on adorait dans le temps.

- *It's lo-og, it's lo-og, it's better than bad – it's good* ! répondis-je en jetant un tapis rayé dans mon panier.

- On va s'emmerder à traîner tout ça jusqu'à la maison, se plaignit Kaleigh. On aurait dû emmener maman. C'est une experte.

- Pour de vrai ? demandai-je.

- Ouais. Elle devrait être décoratrice d'intérieur, dit Kaleigh, c'est elle qui a arrangé ma chambre.

- C'est elle qui t'a aidée ?

J'étais sidérée.

- N'aurait-elle pas dû appeler le *Ricki Lake Show* pour que vous figuriez dans l'épisode intitulé « Au secours, ma fille s'est convertie au satanisme ! ».

- Ha ha, fit Kaleigh en me donnant une

petite claque sur l'épaule. Tu sais, on peut avoir un côté plus sombre sans forcément être déséquilibré mentalement.

- Je le sais. Je te taquine, la rassurai-je. C'est vrai que ta chambre est jolie.

- C'est pas mal mieux qu'avant, crois-moi, avoua-t-elle. Maman est entrée dans ma chambre un jour. Les murs avaient été peints en noir. Elle faillit avoir une crise cardiaque.

Kaleigh riait en inspectant une bougie à trois mèches.

- Oh mon dieu, je peux m'imaginer la scène, dis-je.

- Elle était absolument furieuse. Je croyais qu'elle allait m'obliger à la repeindre couleur lavande, mais elle me dit : « Bon sang, Kaleigh, si tu veux une chambre avec un thème, essaye au moins de le faire sans que ça ressemble au décor de la série *Les monstres*.

- Ha ! m'esclaffai-je. En fait, je n'arrive pas tout à fait à me l'imaginer. C'est quand même beaucoup de boulot et elle est tellement... fatiguée.

- Eh bien, tout ça, c'était avant qu'...

- Avant quoi ?

Je m'arrêtai d'un coup et la regardai attentivement.

- Je ne sais pas. Avant qu'elle ne devienne si fatiguée.

- Ah.

- Je te dis juste de ne pas perdre ton reçu, dit-elle. Tu devrais tout montrer à maman avant d'entreprendre tes rénovations. Elle a vraiment du goût. Si elle était un homme gai, elle serait définitivement dans l'équipe de *Queer Eye*.

- Et nous, nous serions en thérapie, ajoutai-je.

- Ouais.

Nous empilâmes tous mes achats à côté de la caisse et je dis adieu à une autre grosse portion de mes économies.

- Tu sais ce qu'on pourrait faire ? commença Kaleigh.

- Pourquoi est-ce que je me méfie de ce que tu concoctes ? demandai-je.

- Je n'ai rien dit encore.

- S'il te plaît, je te connais depuis le jour où tu es née. Quand tu commences une phrase avec « tu sais ce qu'on pourrait faire », ça finit toujours par me causer des ennuis parce que je me laisse convaincre de faire quelque chose comme mettre une robe au chat.

- Je me disais juste que puisqu'on est ici, on pourrait passer à *Comme chien et chat*, laissa-t-elle échapper.

- Dans quel but ? lui demandai-je. Quémander des autographes ? Tu savais qu'ils appellent ça « l'académie » maintenant ?

- J'ai juste... je t'ai entendu dire à maman que tu avais croisé Léo par hasard, et je trouvais ça chouette, continua-t-elle.

- Eh bien, c'était tout sauf chouette, rétorquai-je. Il était énervant et il se pensait supérieur à moi. Tu sais qu'il m'a traitée de vendue.

Kaleigh gesticula.

- Il est probablement juste jaloux. Tu devrais te tenir avec ces gens là, pas avec le club des superficielles.

- Elles sont sympathiques, répétai-je. Je ne sais pas ce que tu as contre elles.

- Allons juste y faire un tour, dit-elle d'un ton cajoleur.

- Qu'est ce qui se passe, tu as un faible pour Léo ? demandai-je.

- Si j'en avais un, est-ce que ça te convaincrait d'y aller ?

- Je ne sais pas.

- Eh bien non, je n'en ai pas. Je veux simplement voir où ils en sont. Allez, viens. Je les considérais comme les plus cool au monde quand tu allais à l'école là-bas. Je veux voir si c'est encore comme dans mes souvenirs.

- Qu'est-ce qui serait encore comme dans tes souvenirs ?

- L'école, les jeunes, toute l'ambiance, dit-elle. Comme par exemple, qu'est devenue Peony Morales ? A-t-elle toujours cette voix grinçante ? Daphne Esposito est-elle toujours la plus belle fille du monde ? Et je me posais justement la question l'autre jour : Grover Overberg semblait un peu gai, n'est-ce pas ? Peut-être que maintenant il se montre au grand jour.

- Kaleigh ! Tu avais six ans ! rétorquai-je. Tu n'aurais jamais pu détecter quoi que ce soit de gai chez Grover.

- J'ai commencé à y songer quand tu es

revenue, dit-elle. Et je me disais que peut-être...

- Bon, mais on a toutes ces cochonneries à traîner avec nous, dis-je.

- S'il te plaît ?

En regardant ma petite sœur, je réalisai soudainement qu'elle était... ma petite sœur. Il semblait que je m'étais habituée à ce qu'elle soit devenue cette fille de quatorze ans, mais ce que je n'avais pas vu depuis mon retour était la petite fille que j'avais abandonnée pour partir à la recherche de la gloire et de la fortune. Celle qui m'admirait, celle à qui je donnais des ordres sans m'en rendre compte, la petite fille qui était toujours là jusqu'au jour où elle ne l'était plus.

Comment est-ce que j'étais censée lui dire non ?

- Bon, d'accord, soupirai-je. On peut passer devant et jeter un coup d'œil à l'intérieur, mais on ne s'y attarde pas.

- Super, s'écria-t-elle, de façon très peu caractéristique pour la sombre Kaleigh de quatorze ans.

Le temps qu'on marche deux pâtés de maisons, j'avais déjà mal aux bras, sans mentionner les huit pâtés de maisons qui restaient à faire. Mais je dois avouer que j'eus des frissons en apercevant le logo familier indiquant le nouvel emplacement de la compagnie théâtrale *Comme chien et chat*. Il s'agissait d'un simple dessin. Un chien (évidemment) et un chat (naturellement) avec chacun une petite couronne sur le dessus de leur petite tête poilue.

Complètement kitsch, complètement ringard. Mais qu'est-ce que ça pouvait captiver l'imagination des jeunes à l'intérieur, ça je m'en souvenais bien.

- La porte est ouverte, me fit remarquer Kaleigh.

- D'accord, alors restons de ce côté-ci de la porte, suggérai-je. On va tendre l'oreille.

- D'accord.

Nous nous faufilâmes juste à côté de la porte ouverte. Les fenêtres de la façade de l'immeuble allaient du plancher jusqu'au plafond et s'ouvraient sur le trottoir, comme si c'était un café qui pouvait s'ouvrir l'été. Kenny avait dû mettre en pratique sa philosophie qui dit que la vie entière est une scène. Rien n'aurait pu le rendre plus heureux qu'une foule dans la rue qui regarde une répétition ou, encore mieux, une vraie représentation. C'était une installation plutôt ingénieuse.

À l'intérieur, je pouvais entendre Kenny donner un de ses discours classiques aux comédiens – celui concernant le respect des autres : il faut traiter les autres comme des poètes, des génies, des artistes. Je l'entendis ensuite taper des mains et la classe commença un de ses exercices de théâtre, celui qui consiste à taper le sol de ses mains en criant des noms de marques de dentifrice afin de se réveiller la cervelle.

- Topol, le dentifrice du fumeur, murmurai-je.

- Tu vois, c'est encore en toi, me taquina Kaleigh.

- Qu'est-ce qui est encore en moi ? voulais-je savoir.

- Je ne sais pas. Ton âme ? dit-elle.

- Je ne sais même pas de quoi tu…

Ma réplique nulle fut interrompue quand elle me poussa à l'intérieur de la salle. Pendant une fraction de seconde, je me retrouvai immergée dans l'air frais et sombre du théâtre, mais, en même temps, aveuglée par la lumière du soleil dans laquelle je me trouvais l'instant précédant; tout ce que je voyais était de la brume vert foncé.

- Hé, est-ce que je peux vous aider ? demanda Kenny. Qu'est-ce que… Rhiannon ?

J'avalai. Je ne peux même pas dire que j'ai paniqué – je me suis simplement mise à courir, sans réfléchir. Je courus en dehors du théâtre et dépassai ma sœur. Mes sacs en plastique s'agitaient à mes côtés, et je ne savais même pas si elle me suivait jusqu'à ce que je monte à bord du mauvais métro qui se dirigeait dans la mauvaise direction.

- Rhee ! haleta-t-elle, réussissant à peine à se glisser derrière moi dans le wagon. Qu'est-ce que tu fous, purée ?

- Moi, qu'est-ce que je fous purée ? Toi, qu'est-ce que tu fous purée ! dis-je en reprenant mon souffle. Qu'est-ce que tu cherchais à faire ? Pourquoi m'as-tu poussée ?

- Pourquoi as-tu pété les plombs ?

- Pourquoi est-ce que toi tu… Ah ! Je ne sais pas, avouai-je.

Je m'installai sur un banc en attendant la première occasion de changer de train. Elle s'assit à côté de moi.

- Tu as des trucs à régler, m'informa-t-elle.

- Je n'en ai aucun, insistai-je. Je voulais simplement éviter les grandes retrouvailles. Je n'avais pas envie de dire bonjour. J'avais juste envie de rentrer à la maison et...tu sais, de décorer ma chambre.

Je secouai faiblement mes sacs.

- D'accord, dit Kaleigh en se redressant et en ramenant ses genoux sur sa poitrine. Si tu le dis.

* * *

Nous étions quasiment arrivées à Brooklyn avant de pouvoir changer de direction, et le temps qu'on arrive à la maison, c'était déjà le milieu de l'après-midi. Je me sentais complètement humiliée par mon étrange réaction psychotique à l'idée de dire bonjour à Kenny Marr et de passer du temps dans son théâtre avec Léo et les autres jeunes que je connaissais (en plus des nouvelles recrues). Mais le remords que je ressentais était encore plus perturbant. C'était comme si, finalement, je ne voulais pas m'enfuir. Une partie de moi voulait retourner immédiatement là où Léo passait son temps. C'était la pire idée au monde. N'était-ce pas le chemin qui m'avait menée à Hollywood en premier lieu ? N'était-ce pas le chemin du chagrin, de la trahison, du rejet et de l'horrible nourriture servie dans les avions au milieu de la nuit ? Réponse : oui. Alors pourquoi en avais-je autant envie ?

Bref, ça n'avait pas d'importance. Je commençai à arranger ma nouvelle chambre. Maman arriva alors que j'en avais fait environ la moitié. Kaleigh l'avait sans doute informée que mes mignons achats n'allaient pas ensemble.

- Seigneur, dit-elle en parcourant du regard les petits coussins en forme de bûche qui jonchaient le couvre-lit inspiré des années 1950.

- Je… heu… eh bien, dis-je, je n'ai pas vraiment trouvé de thème.

- Tu t'es simplement emparée de tout ce qui te plaisait, observa-t-elle.

- Ouais.

- Eh bien, voyons.

Elle déposa les rideaux pastel sur le couvre-lit à motif d'oiseaux et de fleurs et jeta un regard méfiant aux pivoines peintes sur le rouleau chinois que j'avais tenté d'accrocher au mur.

- Sans espoir, dit-elle.

- Pour de vrai ? demandai-je.

- Non, attends.

Elle déplaça quelques trucs, mit les rideaux de côté et empila les coussins dans un coin de la pièce.

- Tout ça, ça va ensemble, murmura-t-elle, plutôt pour elle-même qu'à moi. On a une section ère spatiale ici. *Les Jetson*. Les trucs des années 1950 – d'accord, un genre de thème Gloria DeHaven. Et puis ces trucs asiatiques… Anne May Wong vient faire un tour…

- Est-ce que tu parles français ? demandai-je.

Elle m'ignora. Kaleigh jeta un regard furtif à l'intérieur de la chambre.

- Je crois que maman est possédée, lui dis-je.

- T'as de la chance. Ça veut dire qu'elle est sur une lancée, me dit-elle.

- Bon. Viens avec moi, me dit maman en sortant de ma chambre avec plus d'énergie que je lui en avais vu depuis mon retour. Elle déverrouilla la porte du garage et, une fois à l'intérieur, commença à nous indiquer les choses à sortir de là.

- Ça, c'est une chaise sur laquelle tu ne t'assoiras jamais, dit-elle. Mais ça ira bien avec les coussins du genre ère spatiale et harmonisera ce thème-là avec celui des années 1950. Voici une lampe en faux coquillages de chez ta grand-mère. Je la trouvais horrible mais je ne pus m'empêcher de la conserver – maintenant je sais pourquoi. Et ça…

Elle montra du doigt un rouleau de tissu.

- C'est un motif d'époque grâce auquel tes horribles rideaux n'auront pas retourner au magasin. Ce tissu fera ressortir les bonnes couleurs, et tu pourras utiliser ceux que tu as achetés comme bouillonné. D'accord ?

- Comme bouillonné, répétai-je.

- Tu n'es pas en train de déplacer les meubles, observa-t-elle.

- Mais je n'ai aucune idée de ce que tu

viens de dire, lui dis-je.

- Ce n'est pas grave. Suis simplement mes ordres.

Une heure plus tard, ma chambre ressemblait à un plateau de tournage. Les motifs rétro de couleurs vives se complétaient. Et même mon lit de fillette idiot avait l'air flambant neuf; il ressemblait plus à une antiquité kitsch qu'à un meuble d'enfant. Grâce à un miroir rond, nous avions transformé mon petit bureau en une coiffeuse qui faisait très star du grand écran. Ma mère y installa un ensemble argenté composé d'un peigne, d'une brosse et d'un vaporisateur.

- Tu vas devoir déplacer tout ça pour pouvoir faire tes devoirs, me fit-elle remarquer. Et ce n'est pas très adapté à l'utilisation d'un ordinateur portable.

- Je m'en fiche, dis-je en reprenant mon souffle et en me laissant tomber sur la chaise tarabiscotée qui avait remplacé ma monstruosité en osier blanc. Tout ça est génial ! Je ne veux plus jamais quitter cette chambre.

- Eh bien, ça, ce serait chouette, dit-elle en me donnant un bisou sur le dessus de la tête. Ça ne me ferait pas de tort de te garder ici quelques années comme Rapunzel. Je m'excuse de ne pas y avoir pensé plus tôt – ça devait être un peu bizarre de te retrouver ici, un peu comme si tu dormais dans une capsule témoin.

- Ce n'était pas si bizarre que ça. Mais merci, lui dis-je en levant les yeux.

Elle me regarda de ses yeux humides et me sourit.

- Maman, dit Kaleigh d'un ton légèrement craintif. Tu devrais peut-être t'étendre un moment.

- Bonne idée, dit maman qui sembla tout d'un coup avoir rapetissé de plusieurs centimètres. Une petite sieste me ferait du bien.

Kaleigh s'approcha d'elle et la guida en dehors de la chambre de façon protectrice.

- Je suis désolée, dit Kaleigh. J'aurais dû y penser – tu es en train de te surmener...

- Ah ! ne fais pas la mère poule, dit ma mère d'un ton sec. J'ai simplement besoin d'une petite sieste.

Sa porte se referma derrière elle et Kaleigh s'immobilisa un instant, comme pour écouter ce qui se passait à l'intérieur.

- Pourquoi te fais-tu autant de souci pour elle ? voulais-je savoir.

- Ta gueule, aboya-t-elle.

Elle claqua sa porte derrière elle. Je me retrouvai seule dans le corridor, entre deux portes fermées et la mienne qui était restée ouverte, à écouter l'écho d'un ton sec et d'un aboiement. Pourquoi est-ce que tout le monde était tout le temps sur les nerfs ?

Au moins, j'avais une chambre décente maintenant. Une chambre très mignonne, en fait. J'avais réussi à me débarrasser de mon cafard et je me sentais suffisamment ré-énergisée pour sortir avec mes nouvelles amies ce soir-là. Et maintenant, si seulement j'étais au courant de ce qui se passait avec ma mère et ma sœur.

Chapitre 5

D'un autre côté, pourquoi s'embêter à essayer de comprendre les choses quand la vie s'écoule tranquillement ? En l'espace de quelques semaines, je ne me sentis même plus mal à l'aise à l'école. Kaleigh avait sa clique et moi, la mienne. Dans un sens c'était dommage, mais j'imagine que ce genre de situation n'est pas exceptionnel. Elle avait l'habitude d'aller à l'école avec ses amis – Edna Cardellini, une fille avec de grosses lunettes à la Tina Fey; Justin et Blaine, deux garçons qui se parlaient en Klingon; et des jumelles espagnoles qui portaient des T-shirts punk rock. Pendant ce temps, Anthony venait me chercher à la maison dans sa Camaro, quand celle-ci fonctionnait (ou dans la Thunderbird neuve appartenant à son père quand la Camaro refusait de fonctionner – ce que, je dois l'admettre, je préférais de loin).

Bon, c'est vrai que des fois la T-Bird bleu turquoise me rappelait la Coccinelle rouge pompier que j'avais dû laisser à Los Angeles. Mais ce souvenir était en train de s'estomper rapidement. Et c'est agréable de se laisser conduire de temps en temps.

En fait, tant que je ne me regardais pas trop longtemps dans le miroir et que j'évitais de lire le journal (ils s'amusaient encore à y insérer, de temps à autre, des photos de moi), tout allait bien. Il faut dire que je ne regardais pas beaucoup la télé non plus. *Une aile et une prière* était toujours l'émission la plus populaire du vendredi soir, et des publicités annonçant la série passaient constamment, empoisonnant toutes les autres émissions comme des pépites de chocolat toxiques saupoudrées sur un cornet de glace par un Mister Softee sadique. À part ça, tout allait bien. Ah, attends... je dus aussi ramasser cette photo de moi à *Comme chien et chat* et, n'ayant pas le cœur de la jeter à la poubelle, je l'enfouis au fond d'une boîte à chaussures au fond d'un placard tout au fond du grenier.

Mais – à part ça – tout allait bien.

J'imagine que ce matin-là, la température clémente me faisait penser à Los Angeles plus que d'habitude. Pour me distraire de ma tristesse persistante, je m'emparai d'un Pop-Tart aux bleuets en sortant de la maison. Je n'en offris même pas la moitié à Anthony qui était venu me chercher pour aller à l'école. J'aurais bien aimé me plonger dans l'étude, mais c'était plutôt inutile et la matinée fut ennuyeuse. J'étais toujours en avance de plusieurs années-lumière comparée aux autres élèves. Je passais donc mon temps à prendre des notes sur ce qu'était vraiment le lycée. Il me vint à l'esprit que les scénaristes d'*Une aile et une prière* avaient tous dans les vingt ou trente ans et que, lorsqu'ils songeaient à leur passé, leurs impressions étaient soit horriblement cyniques, soit complètement nostalgiques. La vérité était qu'il y avait de bonnes et de mauvaises choses, mais ils ne parvenaient pas tout à fait à les capter : ni le point de vue cynique ni le point de vue nostalgique n'étaient corrects.

En tout cas, je gardais toutes ces pensées pour moi et, s'il n'y avait pas eu mes excellents résultats d'examens, tu n'aurais pas deviné que je savais quoi que ce soit. Je me tenais très tranquille. Je me sentais étrangement intimidée et gênée en compagnie de personnes de mon âge et, de toute façon, Angela et sa clique n'avaient pas besoin de m'entendre débiter toutes sortes de remarques intellectuelles frimeuses. T'as déjà remarqué que personne ne veut jouer le rôle de Sabrina dans le jeu de *Charlie et ses drôles de dames* ?

Une fois l'heure du dîner arrivée, je cherchai d'autres moyens de chasser l'angoisse croissante qui me collait à la peau. Heureusement que c'était la journée hamburger à la cafétéria. As-tu remarqué que j'ai un faible pour la combinaison céréales plus produits laitiers ? Miam. Ajoute à ça un peu de ketchup principalement composé de sirop de maïs, et voilà un repas capable de chasser n'importe quel cafard. Je m'empiffrai aussi élégamment que ma fourchette en plastique (et ma dignité) me le permettait. Je sentais les zones de plaisir de mon cerveau s'activer grâce à la solution que j'avais enfin trouvée pour faire fuir mon chagrin.

- Mon Dieu, Rhee, laisse-en un peu pour les réfugiés, me taquina Angela.

- Je n'ai pas déjeuné ce matin, expliquai-je.

- Tu n'as pas soupé hier soir non plus ?

Je lui fis une grimace et continuai à bouffer.

- Je n'aime pas manger comme un lapin, lui dis-je en jetant un coup d'œil significatif en direction de son assiette remplie de laitue. Il y a des gens qui aiment tout faire comme un lapin.

Oh. Ce n'était pas très gentil, ça. C'était une vieille blague concernant les lapins et leurs mœurs reproductrices, et Angela la prit plutôt mal. Son regard devint dur et mauvais, mais je m'en foutais pas mal. Je m'étais forcée à bien me tenir avec ce groupe depuis mon arrivée, et maintenant que l'année scolaire tirait à sa fin, j'en avais marre de faire ma lèche-cul. Et je n'avais presque plus de patience pour le jeu que j'avais l'impression de jouer avec ces filles. J'étais lasse de leur bavardage, agacée par les règles d'Angela et... affamée.

- Bon ? dit Shannon. Vous allez avoir vos règles ou quoi ?

- Bagarre de gonzesses ! s'écria Smitty.

- T'es dégueulasse ? lui dit Shannon du ton le plus catégorique que sa voix interrogative lui permettait. Ne parle pas de tes fantasmes à table, s'il te plaît ?

Après un bref moment de malaise, la conversation se poursuivit et je me sentis aussitôt coupable pour ma petite crise conne. Je me promis de faire quelque chose de gentil pour Angela. Peut-être demander à une star de *Newport Beach* de lui laisser un message sur son répondeur. Je m'étais infiltrée dans sa petite clique et elle avait sans aucun doute sauvé ma vie sociale en arrivant pile au bon moment. Franchement, je ne pouvais tout de même pas faire ma diva à seize ans !

- Je dois aller faire pipi, annonçai-je en me levant de table. À plus tard, d'accord ?

- D'accord, répondirent-elles en chœur.

Je me précipitai en direction des « bonnes » toilettes, celles qui étaient un petit peu à l'écart et donc légèrement plus propres que les autres. Je me positionnai au-dessus de ma cuvette préférée.

J'avais presque terminé lorsque j'entendis la porte s'ouvrir d'un coup et un flot de paroles envahir aussitôt les toilettes. Je reconnus immédiatement les voix d'Angela, Shannon et Gina. J'allais ouvrir la bouche pour leur dévoiler ma présence quand je me figeai soudainement.

- Quelle grosse vache snob, se plaignit Angela.

- Je me demande quel est son problème ? enchaîna Shannon. Peut-être qu'elle a commencé un nouveau régime et que ça la rend irritable.

- J'en doute, dit Angela en riant. Pourtant

Dieu sait si ses pantalons la remercieraient. Ils doivent avoir besoin de vacances à force d'essayer de contenir toute cette cellulite.

- Elle aurait besoin d'une lipo ? ajouta Shannon. Sur tout le corps ?

- Voyons les filles, marmonna Gina. Ce n'est pas facile de perdre du poids.

- T'es mal placée pour parler ? dit Shannon. Toi, t'es maigre comme un clou sans même faire attention ?

- Vous savez, je suis tellement certaine qu'Anthony et moi serions de nouveau ensemble en ce moment si elle ne s'était pas pointée, déclara Angela en ramenant (comme d'habitude) le sujet de conversation à elle. C'est impossible qu'il soit réellement attiré par elle. Pas avec les accoutrements ridicules qu'elle porte. Elle à l'air complètement folle. Je suis tellement certaine qu'il l'aime bien juste parce que ça lui plairait de sortir avec une star de la télé.

- Ex-star de la télé ? fit remarquer Shannon.

- En plus. Mais Anthony va forcément réaliser ça un jour ou l'autre, n'est-ce pas les filles ? Je sais bien que je les aime grands et stupides, mais là il exagère.

Angela gloussa. Je levai lentement les pieds pour éviter que les filles ne les voient. L'idée que je pouvais me trouver là ne semblait pourtant pas les effleurer. J'imagine qu'elles ne s'attendaient pas à ce que je vienne jusque dans ces toilettes puisque mon prochain cours était à l'autre bout de l'école. Je maudis silencieusement mon désir d'hygiène. Si je m'en étais foutue, je n'aurais pas été en train d'entendre tout ça.

Intérieurement, je brûlais de rage et d'humiliation. Je savais très bien que ces filles n'étaient pas vraiment mes meilleures amies. Je réalisais qu'elles ne m'auraient probablement jamais adressé la parole si je n'avais pas été une ex-star de la télé qui pouvait leur raconter des histoires sur Lenny Kravitz (non, je ne l'avais jamais rencontré, mais oui, il était super sexy). Mais je pensais sincèrement qu'elles m'aimaient bien. Je pensais qu'elles...

Merde !

Ça m'était encore arrivé. J'étais si stupide, si naïve. J'avais fait confiance aux mauvaises personnes sans même réaliser à quel point je dépendais d'elles. Moi qui croyais qu'on s'entraidait de manière symbiotique : moi, j'aidais Angela en offrant à sa chic clique les restes de ma célébrité, qui d'ailleurs s'estompait à vue d'œil, et elle, elle m'aidait en m'ouvrant la porte d'entrée de la vie sociale du lycée. Dire que pendant tout ce temps elles avaient été aussi superficielles et prêtes à me larguer que les réalisateurs d'*Une aile et une prière*.

Je m'étais fiée à mon statut de célébrité sans même m'en rendre compte. Et je m'étais à nouveau brûlée.

Kaleigh, qui n'avait jamais fait confiance à ces filles, semblait tout à coup pas mal plus intelligente. Et moi, je me sentais pas mal plus stupide, si c'était possible.

J'entendis Angela remettre le bouchon de son mascara. Puis elles sortirent des toilettes en traînant paresseusement les pieds. Tremblant de rage et de honte, je déposai lentement mes pieds au sol, priant intérieurement pour que je réussisse à me calmer et à éviter de pleurer. Pendant que mes tremblements s'atténuaient, je m'efforçai à réguler mon rythme cardiaque et à donner à mon visage une expression blasée. Je pris une grande respiration et me levai pour enfin sortir de la cabine.

- Ah ! s'exclama Gina.

Merde. Merde. Gina était encore là. J'imagine que l'anxiété qui me martelait les oreilles m'avait empêché de remarquer qu'elle n'était pas sortie des toilettes en même temps que les autres. Ça faisait quelques minutes qu'elle était toute seule, debout devant les lavabos. Qu'est-ce qu'elle pouvait bien faire ?

- Ah ! dis-je avec éclat.

- Oh mon Dieu, laissa-t-elle échapper. Oh ! Oh mon Dieu !

Je la vis rejouer toute la conversation précédente dans sa tête, en tenant compte cette fois de mes oreilles, et réaliser que j'avais entendu quelques-unes des pires méchancetés jamais prononcées dans l'histoire des potins.

- Ce n'est pas grave, lui dis-je en gardant en place mon masque nonchalant.

- Oh mon Dieu ! répéta-t-elle. Tu as entendu... tout ?

- Pas mal, avouai-je. Je m'en fous ! De toute façon, je n'ai jamais vraiment fait confiance à Angela.

Si seulement c'était vrai. Mais je devais le dire car je réalisai qu'il fallait que je me protège. Puisque Gina faisait partie du groupe, je devais la mettre de mon côté.

- Ce que je veux dire, c'est que je savais que tu étais la seule à qui je pouvais vraiment faire confiance.

- Elle fait juste sa crétine, dit Gina. Avant, elle sortait avec Anthony. Il l'a larguée juste avant que t'arrives et elle pense que tu lui plais. C'est tout.

C'était la première fois que j'entendais Gina parler autant et je réalisai qu'elle était peut-être plus intelligente que je ne le croyais. Ou du moins plus sensible.

- Eh bien, ça explique tout, dis-je, et c'était le cas.

Mais, debout devant le miroir aux côtés de Gina, je ne pouvais pas empêcher mon regard de s'attarder aux bourrelets qui débordaient bel et bien de la zone visible entre mes jeans taille basse et mon t-shirt court. Ces jolies fringues se faisaient sérieusement maltraiter. Si elles avaient été syndiquées, elles auraient pu mettre en place un piquet de grève autour de ma ceinture et personne n'aurait osé le leur reprocher. Comment avais-je réussi à me convaincre que tout ça avait de l'allure ?

Le regard de Gina suivit le mien. Je me sentais horriblement mal à l'aise. Et bien trop consciente de la façon dont ses jeans à elle tombaient. Ils avaient ce look légèrement ample et crâneur, du genre « Oh mon Dieu, je n'arrive pas à manger assez pour remplir une taille zéro stretch ».

- Je peux t'aider, me dit-elle doucement.

- Qu'est-ce que tu veux dire ?

- Je veux dire que je connais cette situation et je sais comment y remédier. C'est pour ça que je suis encore là.

- Je ne comprends pas.

Sans un mot, elle entra dans la première cabine des toilettes, leva la lunette et laissa échapper quelques toussotements suivis d'une véritable fontaine de gerbe. En d'autres mots, elle vomit.

- Mais qu'est-ce que…

Je fixai le mur de la cabine, incrédule. J'entendis le bruit de la chasse d'eau. Puis Gina s'éclaircit la voix et sortit de la cabine, ayant l'air aussi fraîche qu'elle l'était avant d'y entrer.

- C'est facile, me dit-elle en se rinçant la bouche, puis en y vaporisant un petit jet de rafraîchisseur d'haleine. Et voilà ! Disparues les calories, juste comme ça.

- Gina. Pourquoi tu fais ça ? Tu n'as presque rien mangé pour dîner.

- Presque rien. Mais j'ai quand même mangé.

- Tu n'es même pas grosse !

- Plus maintenant. Mais regarde, tu peux voir mes zones à problème qui essayent de revenir.

Elle désigna du doigt le haut de ses cuisses ainsi que son ventre.

- Zones à problème ? T'es folle. Tu n'as pas de zones à problème.

- C'est gentil, me dit-elle. Mais dis-le-moi si tu as besoin d'aide. Je suis très douée en ce qui concerne la perte de poids.

Gina sortit des toilettes et je restai seule, regardant la porte se refermer derrière elle. Cette fille était maigre comme un clou. Physiquement, rien ne clochait chez elle.

À l'exception, bien sûr, du fait qu'elle venait tout juste de régurgiter son dîner inexistant.

Alors... qu'est-ce qui est « normal » déjà ?

Chapitre 6

Je passai le reste de la journée à éviter Angela et sa clique. Les révélations de Gina m'avaient troublée et je ne pensais pas être capable de continuer à faire comme si de rien n'était. En fait, je commençais à en avoir vraiment marre de faire semblant que rien ne me surprenait et que tout était super.

Écoute, ayant grandi où j'ai grandi, je ne vais pas faire comme si je n'étais jamais tombée sur une fille avec un trouble de l'alimentation. Mais c'était justement ça qui était étrange. C'était tellement répandu à Hollywood que tout le monde gardait l'œil ouvert. Si tu achetais trop de laxatifs, si tu sautais des repas, si tu avais l'air d'avoir une jambe artificielle remplie à craquer de hamburgers, il y avait en tout temps sur le plateau des employés engagés juste pour s'assurer que des petites filles névrosées comme moi n'utilisaient pas la technique du *doigt au fond de la gorge* pour affiner leur silhouette.

De toute façon, tout le monde sait qu'après quelques mois de boulimie, ton corps se met à compenser et tu deviens encore plus bouffie. Je voulais le dire à Gina, mais j'avais peur qu'elle arrête carrément de manger.

Et d'ailleurs, ce n'était pas à moi de sauver Gina d'elle-même. C'était comme trop réel, trop sérieux. Si j'avais été mon personnage d'*Une aile et une prière*, j'aurais su exactement quoi dire et j'aurais eu la formule magique adéquate pour évacuer ce problème dans une autre galaxie – jusqu'à ce qu'il se manifeste sous une autre forme aussi facile à faire disparaître la semaine suivante. Mais je n'étais pas ce personnage, et je ne savais pas quoi faire. Tout ce que j'avais était un placard plein de fringues qui ne m'allaient pas (y compris ma garde-robe de Los Angeles, qui était enfin arrivée à bon port deux semaines après mon retour), une famille qui me cachait une espèce de secret lugubre et une bande d'ex-amies mal dans leur peau.

Mon expérience de la vraie vie se transformait peu à peu en quelque chose qui ressemblait plus à de la télé-réalité cauchemardesque.

Je faillis réussir à passer la journée entière sans voir mes soi-disant amies. Mais alors que je me dirigeais vers la porte arrière de l'école – je planifiais rentrer à la maison à pied ou peut-être sauter dans un autobus de la ligne verte – je tombai par hasard sur Angela, Gina et Shannon.

- As-tu séché le cours d'éducation physique ? voulait savoir Angela. Où est-ce que t'étais ?

Son ton faussement préoccupé et mielleux me donnait justement envie de vomir.

- T'avais raison au sujet de mes règles, dis-je rapidement. J'ai eu les pires crampes de toute ma vie et j'ai passé tout l'après-midi à dormir dans le bureau de l'infirmière.

- C'est horrible ? dit Shannon d'un ton qui se voulait compatissant. Je jetai un coup d'œil à Gina, qui ne trahit d'aucune façon le fait qu'on s'était parlées, que j'avais tout entendu et qu'elle m'avait révélé le secret de la gerbe éternelle.

- Bon, je vais courir jusqu'à la maison et m'effondrer, ajoutai-je.

- Ma mère a du Percocet, offrit Angela.

N'y avait-il aucune limite à la mauvaise santé ?

- La mienne aussi, mentis-je en me précipitant en direction de chez moi.

Une fois à la maison, je retirai de sa cachette ma boîte à chaussures pleine de photos puis montai rapidement jusqu'au lieu saint qu'était ma chambre. Sur mon couvre-lit au motif d'oiseaux et de roses, j'étalai non seulement les photos qui étaient jadis accrochées à mon tableau d'affichage, mais aussi d'autres photos de spectacles qu'on avait montés. Il y en avait une de nous à la Madonna House, une maison de retraite où nous avions présenté notre version de *Pierre et le loup*. Il y en avait une qui avait été prise lors de notre passage à *Sesame Street,* alors que certains d'entre nous avaient eu la chance de chanter avec Elmo (ce devait être le seul genre d'émission de télévision que Kenny approuvait, j'imagine). Ah, il y en avait aussi une d'une de nos représentations au Lincoln Center.

Mais au-delà des visages souriants et de l'excitation ambiante immortalisés sur les photos, je voyais la complicité profonde que nous partagions. Si quelqu'un se sentait blessé, on en discutait – les potins étaient strictement interdits. Si on ne s'entendait pas bien dans les coulisses, c'était impossible qu'on s'entende bien sur scène. Cette théorie n'était peut-être pas complètement exacte mais comme nous étions des enfants, on y croyait et ça nous obligeait à être amis.

Et il y avait tout le mystère d'entrer dans la peau d'un personnage. C'était la magie qui était au cœur de tout. T'en as marre d'être toi-même ? Alors sois quelqu'un d'autre, non pas en mentant au sujet de ton identité, mais en jouant un rôle. Une adaptation du *Silence et des ombres* nous avait appris ce que c'était que de se mettre à la place de quelqu'un d'autre. Travailler des scènes du *Journal d'Anne Frank* nous avait permis de nous rendre compte à quel point nous avions de la chance de vivre à l'endroit et à l'époque où nous vivions. Voilà tout ce que j'avais abandonné en m'envolant vers l'État de la Superficialité. La honte que j'avais ressentie en remettant les pieds à *Comme chien et chat*… elle n'était pas seulement due au fait que je m'étais faite rejeter de manière si publique et si humiliante. Elle s'expliquait aussi par le fait que j'avais quitté cette ambiance et laissé derrière moi un monde fabuleux rempli d'opportunités d'apprentissage, de création et de théâtre qu'on avait la chance d'avoir à notre disposition. Je me sentais tellement stupide. Et je n'avais aucune idée comment faire face à l'humiliation d'admettre à quel point j'avais eu tort.

Juste au bon moment, le drôle de téléphone rose flambant neuf installé sur mon bureau-coiffeuse se mit à bêler la chanson *Barbie Girl*. Je répondis.

- Allô, dis-je nonchalamment.

- Eh bien, si ce n'est pas l'actrice prodigieuse, dit Kenny Marr.

- Oh... mon Dieu ! dis-je en riant. Est-ce vraiment toi ou est-ce que j'hallucine ?

- Bien, je ne crois pas être une hallucination. Si je le suis, tu dois avoir un cerveau d'enfer !

- Je pensais justement... oh !

Je ne savais pas quoi dire.

- Ne commence pas, dit-il. Je ne t'appelle pas dans le but de déclencher une espèce de grosse confrontation, intervention, tension, rien de tout ça. Je veux juste que tu viennes passer un après-midi avec nous.

- Pour quoi faire ?

- Pour faire ce qu'on a toujours fait. Pas une grosse affaire. Pas de grandes retrouvailles. Pas de pression. Juste... viens faire un tour.

Je n'eus même pas à y penser une seconde.

Je soupirai.

- Eh bien, comme je n'ai pas grand-chose d'autre à faire...

- Bonne fille, dit-il en riant. Va prendre le métro. On a un atelier pour les plus jeunes, des novices, et on va leur faire faire quelques exercices de base. J'ai besoin de tous les adultes talentueux que je peux trouver.

- Et puis moi ? le taquinai-je.

Il soupira.

- Je parle de toi, dit-il avec un ton soudainement sérieux. Tu as du talent, même si tu l'as gardé caché sous ces ailes de fée clochette ridicules pendant toutes ces années.

- Aïe !

- Je te vois dans une heure.

Il raccrocha sans prendre la peine de dire au revoir – comme il l'avait toujours fait.

J'enfilai de nouveau « l'armure » de ma première journée d'école. Je ne pouvais plus sentir mes fringues qui, je le réalisai maintenant, étaient ridicules et peu flatteuses. Je laissai un mot à ma mère et Kaleigh en sachant que ma sœur serait contente d'apprendre que j'étais prête à donner une chance à *Comme chien et chat*.

Dans le métro, je feuilletai le journal, soulagée de constater que je n'y figurais pas. J'espérais que les gens réaliseraient enfin que je n'avais plus beaucoup d'importance. J'espérais que j'allais peut-être réussir à disparaître dans une bouffée d'anonymat. Je pouvais enseigner avec Kenny et le reste de la bande sans apparaître en public. Personne n'avait besoin de savoir que je travaillais dans l'obscurité. Ça semblait être une bonne solution, pourvu que je me sente aussi bien qu'avant là-bas.

Est-ce que ça t'est déjà arrivé de te retrouver dans un endroit où tu n'as jamais mis les pieds, mais qui te semble tout de même familier ? Je ne sais pas, peut-être que ton oncle et ta tante ont emménagé dans une nouvelle maison et puis tu vois tous leurs anciens meubles et tous tes cousins dans un nouvel environnement. Et ça te semble familier même si tu n'as jamais été à Hampstead de toute ta vie. Ou peut-être que tu as déjà eu un déjà vu complètement dingue. Quand je suis partie pour Los Angeles, *Comme chien et chat* était situé dans le sous-sol du YMCA de McBurney. Ces salles, qui puaient le renfermé, m'étaient aussi familières que mon doudou, mais elles avaient disparu depuis longtemps.

Pourtant, en entrant dans la salle chic de la nouvelle école de Kenny – sans m'être fait pousser cette fois-ci – je sentis ce même doudou de familiarité s'envelopper autour de moi. Il s'agissait peut-être de l'odeur des costumes de danse trempés de sueur. Ou du son particulier des exercices de voix. Ou encore du tourbillon inexplicable d'art et d'excitation. Peu importe ce que c'était, c'était apparemment transférable d'un lieu physique à un autre. Je me sentais chez moi, dans un endroit où je n'avais jamais été. Ça me donnait des frissons dans le dos.

- La voilà ! s'écria un petit garçon en s'approchant de moi.

Il faisait une imitation parfaite de Tony Soprano.

- Mon Dieu, dis-je.

- Hé, oh, dit-il en se frottant le ventre. Qu'est-ce qui se passe, tu as mangé trop de spaghetti ?

- Tu sais, je viens d'un endroit où les gens parlent vraiment comme ça, l'informai-je.

- Attica ! lança-t-il en courant.

Il ressemblait maintenant à un Al Pacino encore plus minuscule que le vrai Al Pacino.

- Ne t'occupe pas de lui, dit quelqu'un.

Je me retournai pour voir qui c'était. Une jolie fille avec des taches de rousseur et une crinière de cheveux noirs me souriait.

- Ça, c'est Justin Jacob Thompson. Sa mère veut absolument qu'il fasse du théâtre. Elle est complètement enragée. On est en train d'essayer de le déprogrammer – on essaye avec elle aussi d'ailleurs.

- Vous avez du pain sur la planche, observai-je. J'ai l'impression que je te connais. Étais-tu dans *Une aile et une prière* avec moi quand j'étais petite ?

- Non, dit-elle en rougissant légèrement. Je crois que toi et moi, on se fait souvent dire ça. Sauf que toi, on doit te le dire beaucoup plus souvent. J'étais dans une émission de télévision l'été passé, une espèce de truc de télé-réalité.

- Claire ! m'écriai-je. Oh mon Dieu, j'étais complètement obsédée par ton émission ! Tu étais géniale. Est-ce que tu sors encore avec ce gars des Backstreet Boys ou de je ne sais plus trop quel groupe ?

- De 2 Hot 4 U, dit-elle. Oui. Il n'est plus dans ce groupe, mais on sort encore ensemble.

- Hot avec un H majuscule, lui dis-je.

- Merci, dit-elle en riant. J'ai entendu dire que tu avais étudié ici. J'ai commencé à fréquenter l'endroit en tant qu'espèce d'hybride professeure-étudiante. C'est un bon endroit pour me maintenir.

- Eh bien, moi ça fait à peu près quatre cents ans que je n'ai pas remis les pieds ici, mais d'après mes souvenirs tu as raison, c'est un bon endroit, accordai-je. Même s'ils appellent ça l'académie maintenant. Je suis très nerveuse d'être de retour ici.

- Eh bien, ne le sois pas, me réprimanda-t-elle. Personne n'est censé être nerveux ici. C'est justement l'endroit où toute hypocrisie disparaît.

Je soupirai.

- Et ça, c'est exactement ce qu'il me faut.

- Bonjour chérie, dit Kenny en s'approchant de moi et en me prenant fermement mais chaleureusement dans ses bras.

Ses bras dodus étaient capables d'une étreinte tellement puissante – ça m'impressionnait à tous les coups.

- Me voilà, dis-je timidement.

- Je suis content de te voir, chérie, me dit-il.

Maintenant, au travail.

Pas d'hypocrisie ici, c'est certain : Kenny n'avait pas l'intention de revenir sur le passé; il n'avait pas non plus l'intention de me dorloter. C'était rafraîchissant.

Je me joignis à Claire et au reste du groupe pour quelques exercices d'échauffement. Je sentais que tout me revenait petit à petit. Je ne dirais quand même pas que c'est comme faire du vélo, parce que ça, ça revient d'un coup. Tandis que pour moi, le théâtre se compare davantage au patin à roulettes : peu importe à quelle fréquence tu t'en sers, les premières minutes te donnent toujours l'impression que tu vas te péter la gueule.

Au bout d'un moment, je remarquai que Léo était parmi nous, il faisait les exercices d'échauffement comme tout le monde, et une vague de gêne m'envahit. Mais la gêne est l'ennemi numéro un du théâtre, alors je m'efforçai à la surmonter et à ignorer la présence de Léo. Je ne sais pas pourquoi il me faisait cet effet. J'imagine que c'était simplement parce que je le connaissais si bien à une certaine époque et qu'il se trouvait maintenant si près de moi. Bien sûr, aucun des autres anciens ne me faisait cet effet…

Suite à l'échauffement, Kenny nous divisa en plusieurs groupes et demanda aux élèves plus vieux de guider les plus jeunes dans quelques-uns des exercices plus complexes. J'eus la « chance » – note qu'ici je fais référence au manque de chance évident qui me suivait partout tel un chaperon sinistre – de me retrouver dans le même groupe que Léo. Il prit tout de suite les choses en main, sans même me laisser le temps de me présenter. Forcément, les jeunes savaient qui j'étais, mais il attira toute l'attention vers lui. J'imagine que ça avait du sens du point de vue pédagogique, mais ça ne me laissait pas grand-chose à faire en tant qu'instructrice.

- Promenez-vous, leur dit-il et tout le monde se mit à se balader sur la scène. Maintenant, laissez vos hanches mener le reste de votre corps. Faites-les ressortir quand vous marchez. Quel genre de personne avez-vous l'impression d'être ?

Une rejetée d'émission de télé obèse, pensai-je, incapable de me laisser aller dans l'exercice.

- Continuez à vous promener, mais maintenant c'est votre menton qui mène le reste de votre corps. Quel genre de personne avez-vous l'impression d'être ? demanda Léo.

Hmmm. J'ai toujours l'impression d'être une rejetée obèse, songeai-je en riant intérieurement.

- Essayez de vous concentrer, lança Léo comme s'il me réprimandait personnellement.

Plutôt énervant.

Nous nous installâmes ensuite en cercle pour faire un exercice basé sur les sensations musculaires dont nous avions fait l'expérience lors du premier exercice. Cette fois nous devions nous balader chacun dans notre espace en faisant des bruits et des mouvements jusqu'à ce que nous sentions un personnage émerger de ce que nous faisions. Il fallait ensuite présenter un mini monologue.

Quelques-uns de ces jeunes étaient absolument géniaux. Ils inventaient leurs petits scénarios, et tu aurais juré qu'ils étaient vraiment quelqu'un d'autre. Parfois, tu pouvais remarquer qu'ils imitaient quelqu'un : un cousin, un adulte de leur entourage, ou même un des autres jeunes de la classe. Mais même là, il y avait une étincelle d'authenticité, parce que tout était basé sur les gestes qu'ils étaient déjà en train de faire. C'était chouette à voir. C'était chouette de se souvenir de cette sensation. Mais j'avais beau essayer, je ne parvenais pas à faire surgir les mêmes émotions du fin fond de moi-même.

J'essayai plusieurs fois, m'apprêtant à me lancer dans un monologue, mais j'étais hésitante et à tous les coups une voix plus jeune et plus enthousiaste se faisait entendre avant moi. De toute manière je n'étais pas très sûre de moi et chaque fois j'étais soulagée que quelqu'un se lance avant moi. Néanmoins, au bout d'un certain temps, je sentis que je devais absolument dire quelque chose, ce que je fis. Mais lorsque j'ouvris la bouche, tout ce qui me vint à l'esprit fut le monologue d'introduction de mon émission, ma petite voix qui disait : « Me voilà : je suis une fée. Une vraie fée, même si je n'ai pas ma propre baguette magique. Pas encore. Mais ça n'empêche pas la magie d'avoir lieu… »

Je sus que je ne pouvais pas dire cela. Alors je me forçai à sortir quelque chose d'autre. Ce quelque chose d'autre fut une imitation boiteuse de Shannon. Je l'imaginai dans ma tête et répétai les mots que je l'avais entendu dire des centaines de fois. Je répétai comme un perroquet : « Ma mère voulait qu'on aille au cinéma ensemble ? Mais elle descend les escaliers en portant des jeans trois quarts Fiorucci avec des coutures du genre hippie autour des ourlets ? Tellement 1998 ? Alors je lui dis : Maman ? J'vais aller louer un film finalement ? Et c'est ce que j'ai fait ? Complètement humiliant ? ».

Ça sonnait stupide quand Shannon le disait. Ça sonnait encore plus stupide quand moi je l'imitais.

Léo applaudit.

- Et voilà exactement ce qu'il ne faut pas faire, dit-il. Il y a des gens qui ont le théâtre en eux, mais tout ce qu'ils veulent c'est faire semblant. Ne vous laissez pas prendre, peu importe les récompenses.

Le temps s'arrêta quand il se mit à me fixer, le regard brûlant. J'avais l'impression d'être une flamme de bougie qui refusait de s'éteindre, bien qu'en plein milieu d'un ouragan.

- Ça arrive à tout le monde d'être un peu rouillé, dis-je au groupe en soutenant le regard de Léo. Le plus important, c'est d'avoir un endroit où on peut se sentir soutenu et où on peut commettre des erreurs tout en apprenant.

Il baissa le regard.

- C'est vrai, dit-il, autant à eux qu'à moi. Ici, c'est justement ce genre d'endroit. Et tout le monde fait du bon boulot. Bon, passons à un autre exercice.

On continua à faire des exercices avec les jeunes, en se joignant à eux quand on le jugeait nécessaire mais en les laissant faire la plupart du temps. C'était une bonne manière d'apprendre et une bonne manière de me replonger dans le bain. Une bonne manière aussi de me rappeler que Léo avait raison : tout ce que j'avais fait, dans ma vie et dans mon travail, c'était faire semblant. Mais est-ce que je voulais vraiment replonger là-dedans ? Est-ce que j'avais encore l'énergie et le culot nécessaires pour refaire du vrai théâtre ? Et quel en serait le but, si je voulais rester à l'écart du regard du public ? Pourquoi m'impliquer dans *Comme chien et chat* si ça menait vers un style de vie que je ne souhaitais pas vraiment ?

Toutes ces questions me tournaient dans la tête en faisant les exercices. Et Léo était le petit point sous chacun des points d'interrogation. Mon Dieu qu'il me tapait sur les nerfs : c'était lui qui était resté ici, qui ne s'était pas vendu, qui avait passé tout ce temps à travailler son art, et maintenant il avait des longueurs d'avance sur moi.

Et il le savait.

Je levai le regard vers lui et un sourire complice et espiègle passa sur son visage, ce sourire si familier que je n'avais pas vu depuis une éternité. C'était comme s'il savait à quoi je pensais. Comme s'il n'était pas dupe, presque comme s'il se moquait de moi. Comme s'il pouvait voir à travers mon pull jusque dans le fond de mon cœur.

Ouf, je voulais juste l'embrasser – heu non, attends ! Je veux dire : *l'étriper* !

Chapitre 7

Nous nous installâmes sur des chaises pliantes pour regarder les jeunes jouer leurs scènes à trois répliques.

- Je suis un facteur, dit une petite fille aux cheveux roux.

- Je suis une dame qui attend une lettre de son fiancé soldat, répliqua une fille plus grande avec de grands yeux bruns et des cheveux d'un blond presque blanc.

- Nous sommes devant ta maison, dit la première.

Et voilà, le début d'une scène.

- Bien, dit Léo. Remettez-vous en ligne. Les deux suivants, allez-y.

Les suivants tentèrent de faire la même chose : poser les fondements d'une scène improvisée avec juste assez d'information pour aller de l'avant. Le but était d'apprendre les bases de l'improvisation : si tu inventes quelque chose, assure-toi que ton partenaire de scène te suit, et ne laisse jamais le public dans l'ignorance. Plus tard nous construirions des scènes complètes, mais cet exercice servait à apprendre aux jeunes que si tu sais comment bien commencer une scène, elle devient beaucoup plus facile à jouer.

Alors que les jeunes travaillaient, Léo se tourna vers moi.

- Qu'est-ce qui t'es arrivé ? me demanda-t-il.

- Est-ce que tu vas finir par me ficher la paix ? rétorquai-je. Ça fait un moment que je n'ai plus fait ce genre de truc.

- Justement. Il n'y avait rien de semblable à Los Angeles ?

- Probablement que oui. J'étais trop occupée à encaisser ma paye pour m'informer.

Léo lâcha un petit rire grave et je ne pus m'empêcher de sourire.

- Et puis depuis quand t'es devenu un tel puriste ? demandai-je. Si je me souviens bien, t'avais joué dans quelques publicités quand tes parents ont eu besoin d'une nouvelle transmission pour leur voiture.

- Mais je n'ai jamais cessé d'apprendre, me dit-il.

Je roulai les yeux malgré moi.

- Concentrons-nous sur ce qu'on fait ici, dis-je. On peut discuter de mes choix de carrière pendant la pause, à moins que je ne t'assassine d'ici là.

- Je suis un hamster, dit un jeune qui était debout sur la scène.

- Je suis un autre hamster, dit son partenaire de scène.

- Nous sommes dans le sac à dos d'un

enfant, ajouta le premier.

Si seulement la vraie vie était aussi simple, pensai-je.

* * *

Lorsque vint l'heure de notre pause de midi, Léo et moi nous dirigeâmes vers le restaurant chinois situé de l'autre côté de la rue pour aller chercher des rouleaux de printemps et de la soupe wonton à emporter. Mmmm. Du MSG. Nous nous installâmes avec nos dîners sur les marches d'escalier d'un immeuble situé en face du théâtre. C'était un coin ombragé, mais le soleil tachetait le béton qui nous entourait.

- Alors, dit-il, la bouche pleine de chou haché et de porc. Ils ont fini par se débarrasser de toi, hein ?

- Je ne trouve vraiment pas ça drôle, tu sais, lui répondis-je.

- Moi non plus. Je trouvais ça encore moins drôle quand tu es partie et que j'ai dû expliquer à Kenny où tu étais allée.

- Ah, franchement. Ma mère lui avait expliqué.

- Non, pas vraiment. Il voulait savoir à quoi tu pensais et comment tu te sentais avant de partir. J'ai dû lui dire que tu semblais ne rien penser ni ressentir.

- Qu'est-ce que je suis, une espèce de robot ? demandai-je d'un ton sec. Un androïde ? J'ai fait un choix. Peut-être bien que ce n'était pas le bon. Mais j'ai vraiment aimé jouer dans cette émission, et tu sais quoi ? Je ne le regrette pas du tout.

Il haussa les épaules :

- C'est vrai que ta frimousse décorait des boîtes à lunch.

- Tu veux vraiment savoir ce que je pense ? Maintenant. Pas à l'époque.

- Volontiers.

Sa façon de mâcher me tapait sur les nerfs. Il me fixait d'un regard provoquant.

- Je pense que tu es jaloux.

- Ça ne m'étonne pas que tu dises ça.

Il était tout à fait calme. Pas moi, même si je faisais semblant de l'être.

- Tu peux te raconter ce que tu veux. Mais tu as sacrifié des années de ta vie pour devenir un parasite de Hollywood, et moi, je n'aurais jamais fait ça.

- Tu ne sais pas ce que tu aurais fait. Tu n'as jamais eu l'occasion de faire ce genre de choix, lui fis-je remarquer. Ils ne te voulaient pas. Ils me voulaient moi. C'est ça qui te tue.

- Ouais, c'est ça !

Léo se leva. *Aha. Mission accomplie*. Il était furieux.

Oups. Mission accomplie. Il était *vraiment* furieux.

- Juste pour que tu saches, j'ai passé une audition pour un rôle dans le film *Le passage*, me dit-il, les muscles tendus et le regard brûlant de rage. J'ai failli l'avoir.

- Mais quoi ? le taquinai-je. Tes principes

ne te permettaient pas d'aller à la deuxième audition ?

- Eh bien, on n'est pas censé réussir toutes nos auditions.

- Mais on est censé en réussir quelques-unes quand même. Mon Dieu, Léo, est-ce que tu as passé les six dernières années à penser juste à l'école ? Tu sais ce qu'on dit : ceux qui peuvent le faire, le font.

Je n'en revenais pas d'être aussi méchante. Cela n'avait rien à voir avec la relation que Léo et moi avions dans le passé. Quoique le Léo de mes souvenirs semblait avoir complètement disparu, remplacé par ce trou du cul prétentieux.

- Tu poses la mauvaise question, poursuivis-je. Qu'est-ce qui m'est arrivé ? Rien. J'ai pris un risque et ça a marché pendant très, très longtemps. Je n'ai pas à me soucier de payer mon université, mes parents ont créé une entreprise qu'ils adorent et j'ai appris beaucoup, même si ce n'est pas ce que tu considères comme important. Alors même si ma belle histoire a fini en queue de poisson, je ne vais pas me laisser démolir par tes conneries.

- C'est bon, rétorqua-t-il.

- La vraie question est : qu'est-ce qui t'es arrivé à toi ? continuai-je, ne lui laissant aucune chance de dire ce qu'il aurait pu avoir à ajouter.

Mon Dieu que j'étais fâchée. J'étais vraiment très fâchée. Je n'avais pas ressenti ce genre de colère depuis… en fait, j'avais ressenti ce genre de colère il n'y avait pas si longtemps mais je ne l'avais pas laisser sortir. Maintenant elle semblait vouloir exploser.

- Tu étais une bonne personne avant. Tu étais drôle et gentil et intelligent, et tu étais mon meilleur ami. Tu as arrêté de me parler quand je suis partie, Léo, et maintenant tu veux me remuer le couteau dans la plaie ? Qu'est-ce qui a bien pu t'arriver ? Pas à moi. À toi !

Mais Léo ne se défendit pas. Il finit le reste de son rouleau de printemps et jeta l'emballage dans une poubelle qui se trouvait à proximité.

- Je n'ai pas besoin d'entendre tout ça, marmonna-t-il. C'est ridicule.

Et avec cela il me tourna le dos et marcha jusqu'au théâtre. Je fixai la porte d'entrée avec rage. J'étais à la fois furieuse contre lui et impressionnée par moi-même. C'était comme si je n'avais jamais eu l'occasion de dire toutes ces choses, d'ailleurs c'était le cas. Avant cette conversation, je ne me rappelais pas que Léo n'avait pas retourné mes appels quand j'étais partie. Et maintenant que je m'en souvenais, ça me faisait de la peine. Beaucoup de peine. Pourquoi devrais-je me sentir coupable d'avoir eu de la chance ? Et pourquoi me sentir encore plus coupable quand ma chance me quitte ? Pour qui se prenait-il ? Qu'est-ce que je faisais là ? *C'est justement l'endroit où toute hypocrisie disparaît.* Quelle foutaise. Cet endroit était pareil au plateau de tournage d'*Une aile et une prière*, pareil aux toilettes des filles du lycée. Eh bien, cette fois-ci je n'allais pas me faire brûler.

Je n'étais pas à ma place ici. Un élan de nostalgie m'avait convaincue du contraire. Maintenant je n'étais plus aussi naïve.

Sans même prendre la peine de retourner à l'intérieur pour dire au revoir, je me mis à marcher en direction du métro. À vive allure.

Retourner à *Comme chien et chat* avait été une énorme erreur.

* * *

Quarante minutes plus tard, je claquai la porte d'entrée de la maison. Puisque je n'avais rien à lire dans le métro, je n'avais eu rien d'autre à faire que de ruminer les paroles de Léo et mes répliques furieuses dont j'avais maintenant honte. Le pire c'était que toutes les émotions que j'avais réussi à contenir depuis mon retour de Los Angeles étaient maintenant sorties en force. Je ressentais toute ma peine d'un seul coup : mon licenciement, la perte de Lindsay, les filles à l'école, les photos dans le journal – tout ça tournait dans ma tête et dans mon cœur en même temps. Léo était parvenu, d'une façon ou d'une autre, à éveiller mes émotions endormies, à briser mon déni. Je me sentais complètement dépassée. Le temps que j'arrive enfin à la maison, j'avais l'impression que ma tête allait exploser, que mon cœur allait se briser et que tous les autres clichés concernant le corps humain allaient se charger de détruire ce qui restait de moi.

Je montai les marches deux par deux, ignorant la sonnerie du téléphone, et me jetai tête la première sur mon lit. J'étais pas mal certaine que personne d'autre n'était à la maison, celle-ci était même étonnamment silencieuse.

Je voulais parler à Lindsay. Je voulais être assise dans le faux salon du plateau de tournage. Je voulais la voiture que je n'avais eu la chance de conduire qu'une seule fois. Je voulais ravoir la vie que j'avais lorsque j'étais délicieusement ignorante et que je n'étais pas encore au courant qu'elle était faite de pacotille.

Je ne voulais pas de cette vie stupide, de cette maison stupide, de cette famille – pleine d'étranges secrets chuchotés – à laquelle je ne savais même pas comment parler.

Je ne voulais rien de tout ça.

La porte d'entrée s'ouvrit et j'entendis le pépiement caractéristique du système d'alarme. Je ne voulais pas que quelqu'un rentre. Je n'étais pas prête à faire face à qui que ce soit. Je gardai ma figure enfouie dans l'oreiller, tremblante. Je me sentais presque comme si toute la peine et la douleur qui surgissaient en moi allaient me faire vomir. Des larmes me coulaient le long des joues sans un seul bruit, sanglot ou reniflement.

Quelqu'un cogna à ma porte.

- Rhiannon.

C'était la voix de Kaleigh.

- Vas-t'en, dis-je misérablement.

La porte s'ouvrit et je sentis ma rage bouillir dans mes veines. Avant même de me rendre compte de ce que je faisais, je m'étais redressée et j'avais lancé un de mes coussins en forme de bûche à l'autre bout de la pièce.

- Vas-t'en, criai-je.

- J'ai quelque chose à te dire.

Je me recouchai.

- Je ne veux pas l'entendre, dis-je sèchement. J'ai envie de mourir.

Au lieu de partir, comme je le souhaitais, Kaleigh ramassa silencieusement le coussin et me le lança à la figure. Ça ne me fit pas mal, mais sa brutalité soudaine et la vitesse de l'objet me prirent au dépourvu.

La combinaison de surprise et de choc, en plus de mon état émotionnel, ça donne quoi ?

J'oubliai en un instant les années de toilettage, d'entraînement et de conscience de mon image publique et je bondis hors de mon lit. Les yeux de Kaleigh brillaient de rage – j'étais trop furieuse pour réaliser à quel point c'était étrange qu'elle soit si fâchée – mais en me voyant me jeter sur elle, elle recula légèrement. Ce qui la plaça exactement là où il fallait pour que je puisse la pousser contre la porte du placard du corridor et l'attraper par les cheveux.

Elle me repoussa avec une force surprenante et me fit perdre l'équilibre. Je tombai lourdement sur le tapis du corridor et elle se jeta sur moi. À cheval sur moi, elle me donna des claques au visage. Puis je saisis ses poignets et me mis à rouler vers la gauche pour la faire rentrer dans le mur.

- Tu penses que t'es la seule qui compte, hurla-t-elle.

- Mais qu'est-ce que tu as ? hurlai-je à mon tour.

- Je te déteste ! cria-t-elle.

Ce qui nous donna aux deux encore plus d'énergie pour nous rouer de coups.

La porte de la chambre à coucher de mes parents s'ouvrit et, pour une raison ou une autre, le bruit à peine perceptible de la poignée qui tournait attira notre attention.

- Oh, pour l'amour du ciel ! gémit maman.

Nous nous figeâmes toutes les deux, avec ce même sentiment enfantin d'avoir été pris en flagrant délit. Nous levâmes les yeux.

- Kaleigh, lève-toi, ordonna-t-elle.

Kaleigh fut soudainement intimidée et obéit aussitôt.

- Qu'est-ce qui se passe ? m'écriai-je. C'est quoi le problème ?

- Maman n'est pas fatiguée ! hurla Kaleigh. Elle est malade ! Elle pourrait mourir !

Affolée, je regardai maman.

- De quoi elle parle ? demandai-je avec insistance.

- Oh, Rhiannon...

- Maman ! De ! Quoi ! Elle ! Parle !

Elle soupira et, d'un air gêné, dégagea cette mèche de cheveux ternes de son visage.

- Eh bien, dit-elle enfin en haussant les épaules. Ce n'est pas le cancer ou rien de ce genre.

Eh bien. Quand ta mère te décrit sa maladie et que la meilleure chose qu'elle peut en dire est « ce n'est pas le cancer », c'est plutôt mauvais signe.

Chapitre 8

- Je me sens tellement idiote, dis-je

- Tu n'as pas l'air d'une idiote, dit ma mère doucement.

- Non, j'ai l'air d'une débile. Ce que je suis.

- Eh.

Nous étions assises à la table de la cuisine. J'avais un verre d'eau devant moi et une serviette froide sur mon visage rouge et trempé de larmes. Kaleigh avait le visage aussi trempé que le mien. Elle avait un sac de petits pois surgelés sur la tête, là où une bosse était en train de se former, juste à droite de sa raie.

- Alors qu'est-ce que tu as ? demandai-je, le regard levé vers ma mère.

Maintenant que je la regardais, c'était tellement évident. *Tellement. Évident.* Elle était toujours fatiguée. Elle n'avait rien voulu essayer chez Marshalls. Kaleigh était devenue hyper protectrice. Je me sentais comme une petite fille gâtée, honteuse et apeurée. Très apeurée.

- Ça s'appelle le lupus, dit-elle. C'est une maladie qui rend le système immunitaire de ton corps hyperactif. Il se met alors à attaquer les organes internes.

- Est-ce pour cela que tu as l'air si…

Je mis ma main sur son visage. Elle fit une grimace.

- Non, ça c'est les stéroïdes, dit-elle. Ils me font prendre du poids, me rendent bouffie, me donnent des boutons, et je suis constamment affamée. Je suis excitée, mais épuisée en même temps. Quand je me couche mon cœur bat à toute vitesse; et quand je me lève je me sens étourdie. Des fois j'ai l'impression que le traitement est pire que la maladie.

- Elle ne prend pas toujours les stéroïdes, dit Kaleigh. Seulement quand elle est vraiment stressée.

- Oh mon Dieu, tu veux dire comme quand je suis rentrée ? soufflai-je. L'attention médiatique ? Les photos dans le journal ? Les…

- Le monde ne tourne pas autour de toi, dit Kaleigh d'un ton sec.

Je tentai de m'emparer du sac de petits pois surgelés qui reposait sur sa tête pour la frapper avec, mais maman m'en empêcha avec une force surprenante.

- Bon, arrêtez toutes les deux, ordonna-t-elle. Rhee, le stress engendré par ta situation n'a pas aggravé ma condition. J'avais déjà recommencé à prendre les stéroïdes avant même d'apprendre que tu rentrais à la maison. Kaleigh, ne lui fais pas ce genre de coup.

- Ça fait combien de temps ? Pourquoi ne me l'as-tu pas dis ?

- Pendant très longtemps, nous n'avions

aucune idée de ce que j'avais, dit-elle. Tu te souviens quand je suis revenue ici à cause de ce genre d'arthrite étrange que j'avais aux mains ? Eh bien c'était un symptôme. Ça a pris des années avant d'arriver au diagnostic. Et il n'existe pas de test unique à passer.

- Ils ont été obligés de faire une biopsie au niveau des reins.

- Mon Dieu.

Je posai une main sur le ventre de ma mère, à peu près là où je pensais que la cicatrice se trouvait.

- Mon Dieu.

- Je ne voyais pas le but de te déranger avec tout ça, dit ma mère. Je ne voulais pas que tu t'inquiètes. Je ne voulais pas que tu interrompes ta vie, ta carrière, et que tu te sentes obligée de revenir.

- Obligée ?

Je secouai la tête.

- Maman, j'aurais été ici en une fraction de seconde.

- T'en es sûre ? me lança Kaleigh de l'autre bout de la table.

- Oui ! lui répondis-je, puis je roulai les yeux. Enfin, non. Je ne sais pas. Si le studio m'avait dit que je devais rester là-bas, je serais probablement restée... Ouf.

- Ce n'était peut-être pas la meilleure des idées. J'avais planifié aller te visiter là-bas à la fin de la saison – jusqu'à ces derniers mois, ça n'allait pas si mal – mais quand ça a empiré, je me suis dis : « bon, il est grand temps que Rhee sache ce qui se passe ».

Les mots sortaient de la bouche de ma mère à toute vitesse.

- J'avais l'intention de t'en parler mais je n'arrêtais pas d'imaginer ton visage tout soucieux. Comme ça, dit-elle en mettant une main apaisante sur ma joue brûlante. Je ne voulais pas que tu le saches. Ça faisait tellement de peine à Kaleigh, et je ne voulais pas vous faire du mal aux deux. J'étais lâche.

- Maman.

Tout à coup ce n'était plus le « maman » fâché et plein de ressentiment que j'avais l'habitude de beugler. Cette fois, c'était juste son nom :

- Maman.

- Et je ne voulais pas te le dire tout de suite après que tu sois descendue de l'avion, poursuivit-elle. Je fis jurer à ton père et à Kaleigh de ne pas t'en glisser un seul mot. Je leur ai promis de te le dire dès que le bon moment se présenterait. Mais on dirait qu'il ne s'est jamais présenté.

- Il n'y a pas de bon moment pour ce genre de truc.

- Non, mais je voulais te laisser le temps de te remettre de ce qui s'était passé à Los Angeles. Pour que tu sois plus forte quand le moment serait venu où je t'annoncerais que...

- Elle aurait dû être au courant, interrompit

Kaleigh. Elle aurait pu t'aider. Moi, je t'ai aidée.

Maman soupira.

- Je n'aurais pas dû te laisser m'aider autant, dit-elle à ma sœur, qui sursauta comme si elle venait de se faire piquer par une guêpe.

Je fixai le dessus de la table de cuisine, traçant le grain du motif tacheté avec mon doigt.

- Qu'est-ce qui va arriver ? demandai-je. Est-ce que… ça va aller ?

- Tout va bien se passer, dit-elle. Je crois.

- Tu crois ?

- J'en suis pas mal certaine. Cette maladie ne peut pas simplement disparaître, mais il y a des périodes de rémission. J'ai des régimes spéciaux à suivre et je suis censée faire beaucoup d'exercice physique.

- Et ? dit Kaleigh.

- Et Kaleigh m'a trouvé quelques thérapies alternatives.

- Pas ces histoires d'herbes médicinales ?

- Non, rien d'interne. Un acupuncteur.

- Maman, c'est une idée géniale, dis-je en jetant un regard encourageant à Kaleigh. Il y a beaucoup de gens à Los Angeles qui font ce genre de truc et si tu ne te laisses pas trop emballer, ça peut vraiment aider.

- Et ce n'est pas très loin d'ici, ajouta Kaleigh dont la voix s'adoucissait, elle devait être contente d'avoir quelqu'un pour soutenir son idée qui était sûrement tombée dans l'oreille d'un sourd. À Jackson Heights. Il y a une importante communauté d'immigrants asiatiques là-bas. C'est comme avoir la clinique Mayo de la médecine orientale juste à côté de chez nous.

- C'est bon. J'irai. Mais seulement si vous arrêtez de vous disputer.

Je levai les yeux vers elle. Fatiguée ? Comment est-ce que j'avais pu trouver qu'elle avait l'air fatiguée ? Elle n'était pas bouffie, ni jaunâtre, ni vieille. Plus maintenant. Maintenant elle me paraissait grande et forte, comme une survivante, comme quelqu'un qui savait comment se battre et gagner contre un ennemi invisible.

Le fait qu'elle ait pris du poids n'était pas un signe de faiblesse, mais plutôt un symbole de sa lutte contre la maladie. Le fait que moi, j'avais pris du poids... ce problème qui m'avait tracassée de manière obsessive s'évanouit soudainement. Je m'en foutais. J'étais en santé. Par contre, si j'avais pu, j'aurais donné chaque cellule saine de mon corps à ma mère.

- Et moi qui passais mon temps à être obsédée par la grosseur de mes cuisses, dis-je pitoyablement. Tu essayais de me dire que j'avais l'air complètement normale mais je ne t'écoutais pas.

Les paroles de ma mère dans la cabine d'essayage chez Marshalls retentirent dans ma tête : « Je pense que tu es une adolescente tout à fait normale ». Elle n'était pas en train de m'informer de la manière la plus diplomate possible que j'étais une grosse baleine. Elle était en train de me dire : « Espèce d'idiote, tu crois que toi, tu as des problèmes ? ». De manière tout à fait diplomate, bien sûr.

Je me tournai vers Kaleigh.

- Pas étonnant que tu me détestais. Je ne faisais que penser à moi-même. Mes stupides mésaventures hollywoodiennes. Comme si ça avait eu la moindre importance.

- Eh bien, tant que tu vois les choses sous leur vrai jour, dit-elle en déplaçant légèrement le sac vers une autre région de sa bosse.

- Non, c'est important, dit maman à Kaleigh. C'est ce que je n'arrête pas d'essayer de te dire. Ce qui m'arrive ne rend pas complètement insignifiant ce que vous, les deux, vous vivez. Juste parce que je suis malade, ça ne veut pas dire que les problèmes de Rhee sont imaginaires, ça ne veut pas dire qu'elle a moins de peine. Et ça ne veut pas dire que tu es tout à coup une supergirl, Kaleigh. Tu n'as pas besoin de me prendre en charge. Je suis toujours ta mère, pas le contraire.

- Maman, soupira Kaleigh, irritée.

- Je suis sérieuse. Je me sens beaucoup mieux. Rhiannon est ici maintenant.

- Pourquoi as-tu laissé partir papa ? dis-je soudainement. Il travaille sur ce gros projet ! On le voit seulement une fois par semaine ! Comment as-tu pu le laisser partir ?

Je m'adressais à Kaleigh.

- Tu ne crois pas que j'ai essayé de l'en empêcher ? rétorqua-t-elle.

- Qu'est-ce que je viens de vous expliquer ?

demanda ma mère en me prenant le bras, exactement là où était en train de se former un bleu de *fight club* familial.

- Aïe ! m'écriai-je.

- Écoutez, j'ai dévoilé mon secret, dit maman en changeant soudainement de ton. Voilà, c'est fait. Maintenant si vous pensez que je vais rester assise à cette table à m'apitoyer sur mon sort, vous avez tort. J'ai beaucoup à faire aujourd'hui. Je veux me lever et sortir de la maison et...

- Maman, l'avertit Kaleigh.

- D'accord, j'aurais besoin de faire une petite sieste avant, avoua-t-elle.

Elle me lâcha, tapota gentiment le sac de petits pois qui reposait sur la tête de Kaleigh et sortit de la cuisine.

- Pas de bagarre, nous dit-elle en s'arrêtant un instant dans le cadre de porte.

- Ahhhh, ça va cogner ! m'écriai-je.

- Ouf, dit Kaleigh d'un ton plaintif.

- Ha, fit maman en quittant la pièce.

On l'entendit monter les escaliers. Puis nous restâmes assises silencieusement quelques minutes.

- Comment va ta tête, demandai-je.

- Ça fait mal, mais ça va, répondit-elle. Et ta griffure ?

- Ah. Je ne l'avais même pas remarquée, avouai-je. Elle est pas mal.

- Merci.

On entendait le tic tac de l'horloge fixée au mur. Ses aiguilles faisaient tranquillement le tour des gros chiffres du cadran. Il s'agissait en fait de toute une série de tuiles en céramique avec des chiffres peints dessus, les aiguilles fixées sur la tuile centrale. Le tout était accroché au mur au-dessus de l'évier. Je ne l'avais apparemment pas remarquée depuis que j'étais rentrée. Ou peut-être que je n'avais tout simplement pas fait attention.

- C'est papa qui l'a faite, m'informa Kaleigh.

- Elle est vraiment cool. Qu'est-ce qui arrive quand les piles sont à plat ? demandai-je, le regard toujours fixé sur l'horloge.

- On déménage.

Je regardai Kaleigh, alarmée.

- Mais non. Papa a fait exprès de ne pas visser jusqu'au bout l'une des tuiles pour qu'il puisse atteindre le mécanisme.

- Ah, d'accord.

On rit un petit coup en se lançant des regards timides. Je crois que toutes les deux, on avait un peu honte de notre comportement.

- Je m'excuse pour ce que je t'ai dit tout à l'heure, lui dis-je, à propos de vouloir mourir. C'était plutôt égoïste de ma part.

- Eh bien, à ce moment-là tu n'étais pas au courant, avoua-t-elle. Mais ça a été vraiment difficile pour maman chez le médecin aujourd'hui. Elle voulait absolument arrêter les stéroïdes mais le docteur a refusé. Elle a pété les plombs dans son bureau, c'est un autre effet secondaire des stéroïdes. C'était vraiment difficile de la voir dans cet état.

- Tu as dû en voir de toutes les couleurs ces derniers temps.

Elle hocha la tête, ressemblant soudainement à la petite fille de mes souvenirs.

- J'imagine que oui, dit-elle. Maman aussi m'a dit ça. En rentrant de chez le médecin, elle m'a dit qu'elle se sentait ridicule, que c'était un trop gros fardeau pour moi d'être la seule au courant. Surtout que pendant quelques temps encore papa ne sera presque jamais là. Alors on s'est dit que le temps était enfin venu de te dire la vérité. C'est ce que je m'apprêtais à faire en entrant dans ta chambre. Je venais te chercher pour que tu ailles voir maman pour discuter de... de ce truc qu'elle a. Alors quand tu as dit ça, c'était...

- Vraiment pas le moment, dis-je en hochant la tête.

- Je m'excuse de t'avoir lancé cette bûche à la figure, ajouta-t-elle.

- C'était un coussin *en forme de* bûche.

- Ouais. Mais je l'ai lancé fort.

- C'est vrai, dis-je en regardant le sol. Je m'excuse de t'avoir battue à plate couture.

- Bon. Tu ne m'as *pas* battue à plate couture, rétorqua-t-elle.

Je la fixai en fronçant les sourcils avec défi :

- Ah non ? Alors comment ça se fait que c'est toi qui a le sac de petits pois sur la tête ?

- Je les fais *décongeler*. Pour le *souper*. Tu n'as jamais employé cette technique pour décongeler des petits pois ?

- Ah c'est vrai ! J'avais oublié, dis-je en riant.

Elle faisait balancer ses jambes, ses pieds frôlant le plancher.

- Eh bien, je suis contente que tu sois au courant.

- Moi aussi !

- Et je suis contente que tu sois revenue.

Elle balançait toujours ses jambes.

- Moi aussi !

Le téléphone sonna soudainement, nous faisant sursauter toutes les deux.

- J'y vais, dis-je.

- Moi, je vais aller prendre ma douche.

Elle déposa les petits pois sur le comptoir. Je les vidai dans un bol et mis le tout dans le micro-ondes, tout en décrochant le téléphone. Drôle de goûter, je le sais. Mais je me sentais un peu déconcertée, d'accord ? Et après tout, les petits pois, ce n'est pas si différent des raisins.

- Allô... dis-je.

- Rhiannon.

C'était une voix de gars vaguement familière.

- Oui ?

- C'est Léo.

- Ah !

Les petits pois tournaient lentement en rond à l'intérieur du micro-ondes. Je les fixai et sentis mon cœur faire le même mouvement circulaire à l'intérieur de ma poitrine. Mon estomac suivit paresseusement pendant que j'avalai et écoutai.

- T'es partie après le dîner.

- J'ai reçu un coup de téléphone. Ma mère avait besoin de moi.

- Tu as oublié ton pull.

- Ah.

Je tentai de trouver quelque chose à dire mais échouai. J'étais dans tous mes états en quittant le théâtre tout à l'heure, et maintenant tout ça me paraissait très lointain. Je m'en foutais. Pourquoi être fâchée ?

- Écoute, je sais que j'ai été très dur avec toi, avoua Léo comme s'il confessait un meurtre. Je ne sais pas pourquoi j'étais si fâché. Je ne sais pas pourquoi j'avais l'impression de devoir t'enfoncer le couteau dans la plaie comme ça. C'était absolument odieux.

- Ce n'est pas grave, dis-je mécaniquement. Tout va bien.

- Tu dis toujours ça, dit-il en riant. Tu te souviens de la fois au camp de cirque où tu t'étais cassé le poignet en tombant du fil de l'équilibriste ? Là aussi tu disais que tout allait bien.

- Mais c'est vrai que tout allait bien. J'avais seulement le poignet cassé.

Nous rîmes en même temps, nos voix se confondant.

- Tu as raison. Je suis jaloux. Toi, tu as eu la chance d'être appréciée pour ce que tu faisais, même si je pense que ce n'était pas forcément le bon endroit pour ça.

- Mais on a eu chacun nos avantages, lui fis-je remarquer. Toi, tu as des longueurs d'avance sur moi en jeu parce que tu as passé tout ce temps à travailler. Moi, j'ai travaillé, mais sur rien en particulier. Je faisais simplement tourner mes rouages et donner au monde la vision superficielle qu'il désirait. Et regarde où tout ça m'a menée.

Je soupirai.

- Je ne pense pas qu'il y ait de quoi être jaloux.

- Eh bien, peut-être que tu as raison, mais c'est comme ça et on dirait que c'est tout sorti tout à l'heure. J'ai été un vrai con. Je suis désolé.

- Léo Petrovic est désolé ! le taquinai-je.

La première fois qu'on s'était rencontrés, il m'avait cogné, dans un débordement d'enthousiasme, lors d'une partie de souque à la corde dans le salon. C'est d'ailleurs mon premier vrai souvenir. « Léo, dis-lui que tu es désolé » avait dit sa mère. Il m'avait regardée, les yeux brillants, et avait dit : « Je suis dééééééchaîné » en sautant partout. Dès cet instant, je l'aimai. Enfin, je l'aimai bien…

- Je te pardonne, dis-je rapidement. En fait, ce n'est pas nécessaire. Tu as été dur, mais j'avais besoin de l'entendre. Je suis vraiment en retard et si je veux continuer à faire du théâtre, il va falloir que j'étudie pour de vrai, pas seulement me reposer sur mes acquis comme je l'ai fait aujourd'hui. Je n'arrivais pas du tout à me concentrer, tu avais raison.

- Ouais, bon, tu as tout de même un talent hors du commun – attends, qu'est-ce que tu viens de dire ?

- Je viens de dire que tu avais raison.

- Avant ça. Tu as dis : « ... si je veux continuer à faire du théâtre ».

- Ah. Ouais, j'imagine que c'est ça que j'ai dit.

J'étais surprise de l'admettre, mais j'avais effectivement dit *si*. Et plus j'y pensais, plus le *si* me plaisait. *Si* je décidais de me replonger dans le théâtre. Ce que je n'étais pas obligée de faire. Je pouvais choisir, au contraire, de simplifier ma vie d'environ dix mille pour cent.

- Tu veux dire que tu ne penses plus vouloir faire de théâtre ? me demanda-t-il, présentant les choses tel un avocat de *La loi et l'ordre*.

- Exactement.

Oh oui ! Exactement. Cette décision me paraissait de mieux en mieux plus j'y songeais.

- Oui. Je ne veux plus faire de théâtre. Ce qui s'est passé aujourd'hui m'a permis de voir ce que j'aurais à faire afin de pouvoir continuer et la quantité de travail que ça exigerait. Je n'ai plus ce genre d'énergie. Je n'ai pas envie de le faire. Je laisse tomber. J'ai vraiment juste envie d'être normale.

- Non, Rhee. Tu ne peux pas faire ça. Pas à cause de ce que je t'ai dit.

- Non, pas à cause de ce que tu m'as dit, Monsieur Égocentrique, lui reprochai-je. Non, mais sérieusement, Léo. Je te le promets, ce que tu m'as dit ce midi n'a rien à voir avec cette décision. Je n'ai tout simplement plus envie de faire du théâtre. J'ai passé l'âge d'en faire. Je ne suis pas une comédienne.

- Évidemment que non, t'es complètement nulle !

Je ris doucement, une boule dans la gorge, en réalisant que je renonçais à beaucoup plus qu'une passion. Je ne pouvais pas imaginer où je reverrais Léo si ce n'était pas au théâtre. Mais maintenant ma place était ici.

- Je ne le suis pas, dis-je enfin. Il y a d'autres choses dont je dois m'occuper. Des choses que je laisse traîner depuis bien trop longtemps. Merci de m'avoir aidée à comprendre tout ça, Léo. Et je suis certaine que tu seras un comédien absolument génial.

Léo était silencieux à l'autre bout du fil.

- Eh bien, toi aussi, dit-il finalement.

- Non, moi, je l'*étais*. Mais toi, tu l'*es*.

En raccrochant le téléphone, j'eus l'impression qu'un énorme poids s'était ôté de mon cœur pour s'envoler à des milliers de kilomètres. Je me sentais légère comme une plume. Je savais qui j'étais et ce qui avait de l'importance dans ma vie. J'étais Rhiannon, fille de Abby, qui avait besoin de moi, et élève dans un lycée on ne peut plus ordinaire de Queens. Fin.

Fin !

Chapitre 9

Le lycée c'est l'enfer !

D'après toi, qui fut la première personne à prononcer ces mots ? Est-ce que c'était vrai avant même que les lycées n'existent ? Est-ce qu'au Moyen-Âge les religieuses allaient dans des couvents, se faisaient ridiculiser pour avoir mal prié, et disaient avec un soupir : « être une novice, c'est l'enfer » ? Et les égyptiens ? Est-ce que, tout en posant pour des sculpteurs esclaves, les pharaons adolescents se plaignaient de ne pas réussir à s'entendre avec les autres pharaons et voulaient devenir adultes le plus vite possible ? Est-ce que les ados des cavernes…

Ah, tant pis. Ce genre de mode de pensée – le mode de pensée de l'intello – est exactement ce qui me met des bâtons dans les roues dans ce lycée stupide. Dans n'importe quel lycée stupide. Si tu te distingues ne serait-ce qu'un tout petit peu des autres, si tu es quelqu'un d'autre que la personne la plus normale au monde, tu te fais exclure. Déjà que j'étais une rejetée de la télé; maintenant j'étais en plus une rejetée de la crème de la crème des cercles sociaux. Ce qui est dommage parce que, comme tu l'as peut-être remarqué, j'avais déjà annoncé la fin de mon histoire. Mais j'imagine que des fois, la vie n'a pas envie de se prêter au jeu de la conclusion proprette Hollywoodienne.

J'étais donc de retour à l'école. Quant à mes fausses amies Angela, Gina et Shannon… eh bien, il n'y eut pas de grosse confrontation. Je fis une demande de changement d'horaire pour que j'aie la fanfare pendant leur heure de dîner. Il n'y a pas vraiment d'intersection entre l'ensemble des membres de la fanfare et celui de l'élite sociale du lycée. Le changement impliquait que je me contente d'une pause pour manger qui commençait à 11 h 30. De sorte que je n'avais pas du tout faim à l'heure à laquelle je mangeais et que j'étais affamée à la fin de la journée – c'était connu sous le nom de Dîner des nuls. Ce qui m'allait très bien.

Je fus quand même un peu blessée de constater qu'Angela et ses Angelettes ne me couraient pas après. Mais après tout, à quoi est-ce que je m'attendais ? Angela désirait ramener l'attention d'Anthony vers elle et loin de moi, et Gina préférait sans doute que je garde mes distances après tous les secrets qu'elle m'avait révélés. En refusant de l'accompagner dans la cabine des toilettes, j'avais probablement gagné son éternelle méfiance. Et Shannon ? Pas de vie intérieure très profonde chez elle. Elle s'ennuyait de moi à peu près autant qu'un bol vide s'ennuie des céréales.

Quand Anthony cessa de passer me prendre avant d'aller à l'école, je sus que je ne faisais plus partie du groupe. Il n'y avait pas de quoi en faire un plat de potins.

Je me retrouvai donc dans la même situation qu'un mois auparavant : socialement à l'écart et sans aucun accès aux groupes déjà formés. Cette fois par contre, Kaleigh intervint. Elle n'était plus fâchée, ni méfiante, ni pleine de ressentiment, alors on s'entendait mieux. Ses étranges amis s'avérèrent plus cools que ce que je pensais, quoique leur intérêt si prononcé pour certains trucs – comme les jeux de rôles, les élections nationales et Morrissey, par exemple – me dépassait. Bon, Morrissey, j'aime bien. Et le reste s'imposait peu à peu.

Mais c'est fou ce que c'était épuisant d'essayer de passer une journée sans commettre d'erreurs, même en ayant un petit cercle de camarades. Le nombre de détails auxquels il fallait faire attention était absolument effarant. Ne t'habille pas trop bien, sinon quelqu'un va passer un commentaire, haut et fort, sur tes mollets trop musclés dans le couloir.

(Qui remarque les mollets des autres ? Qui est-ce que ça dérange ? Et qui est assez mal élevé pour les commenter, à max volume, au beau milieu d'un couloir bondé ? Tous les lycéens, semble-t-il. On dirait que les conventions de politesse habituelles ne s'appliquent tout simplement pas dans un lycée. C'est comme vivre dans une jungle où la grossièreté et l'odeur de parfum bon marché sont rois.)

Ne t'habilles pas trop mal, sinon quelqu'un va s'écrier : « Cette fille a besoin d'une nouvelle paire de pantalons ». Ne sois pas trop intelligente, sinon quelqu'un va imiter ton parfait accent espagnol comme s'il avait quelque chose de travers. (Même le professeur va passer un commentaire sur le fait que ton accent sonne plus mexicain qu'européen. Et pourquoi c'est moins bien déjà ?) Ne sois pas trop stupide, sinon... eh bien, tu ne peux simplement pas te permettre d'être trop stupide.

Ne parle pas trop fort. Ni trop bas. Ne marche pas pour aller à l'école; ne prends pas l'autobus. Ne sors pas avec quelqu'un qui a de l'acné. N'aie pas de trop gros seins. Ne rate pas la balle dans le cours d'éducation physique. Ne fais pas partie de clubs de lycéens. Tout ce que tu fais qui attire l'attention, bon ou mauvais, constitue une alerte rouge qui signale aux autres ton statut social potentiellement inférieur.

Écoute, ça n'a rien à voir avec Hollywood. Là-bas, je n'étais pas tous les jours victime de stupides commentaires mesquins. J'étais peut-être stupide à l'époque, mais en tout cas, pas naïve. J'imagine que ce qui faisait la différence était que... eh bien, c'était la première fois que tous ces trucs horribles m'étaient destinés. La mignonne petite Rhiannon, star d'*Une aile et une prière* ne pouvait rien faire de mal. La Rhiannon adolescente potelée, ex-star d'*Une aile et une prière*... eh bien, elle, elle n'était tout simplement pas à la hauteur. En plus, à l'époque, j'avais des assistants. Au lycée, tu n'as pas d'assistants.

Un jour je vis une remplaçante faire tomber accidentellement un chariot plein de livres. Le flot d'élèves la contourna, l'évitant comme si elle avait la peste, et chacun continua son chemin. Edna Cardelleni s'arrêta pour aider la remplaçante à ramasser les livres et, alors que celle-ci remerciait Edna, les élèves se mirent à rire. C'était quoi leur problème, purée ? Un été, j'avais tourné une publicité à Manhattan, et je te dis que même les new yorkais, soi-disant mal polis, avaient plus de respect pour la vie humaine que le corps étudiant du lycée moyen. Je détestais me retrouver là. Il faut dire que c'était là que se retrouvait la majorité des américains entre l'âge de quatorze et dix-huit ans à peu près. Bon. Alors c'était bel et bien là où j'étais censée être. Il fallait bien que je fasse contre mauvaise fortune bon cœur.

Un jour, ce devait être environ une semaine après le début de ma nouvelle vie, je me joignis à Kaleigh, Edna et quelques Klingons à notre table habituelle.

- J'ai une proposition à te faire, me dit Edna avant même que j'aie le temps de m'asseoir.

- Une proposition ! lui répondis-je. Est-ce que c'est « dans » ?

Blaine ricana.

- Ça c'est une préposition, me fit-il remarquer.

- Eh bien, c'est officiel : tu es un intello, lui

dit Kaleigh.

- Je suis sérieuse, interrompit Edna.

- Tu es sérieuse. Elle doit être indécente, cette proposition, dis-je. Le genre de truc qui va me créer encore plus d'ennuis dans les médias.

- Je veux une entrevue exclusive avec toi pour le journal du lycée.

- Je précise : les médias très, très locaux. Attends une seconde. On a un journal ?

- Pfff.

Edna se cogna la tête sur la table. Kaleigh lui donna quelques petites tapes d'encouragement entre les omoplates.

- Mon Dieu, Rhee, tu ne pourrais pas trouver quelque chose de pire à dire, comme par exemple : « le gouvernement vient d'interdire aux filles de lire », me reprocha-t-elle gentiment.

- Désolée ! Honnêtement, je n'en ai pas entendu parler.

- Je sais, gémit Edna, le front reposant sur le dessus de la table. On n'arrive pas à avoir assez de gens qui s'impliquent pour justifier notre budget, alors ils vont nous le retirer l'année prochaine si je n'arrive pas à trouver une bonne raison pour les en empêcher.

- Ah. Je vois le problème, dis-je.

- Alors, tu es d'accord ? demanda-t-elle en levant la tête.

- Non.

Toc.

- Allez, Rhee, tu peux bien faire une entrevue avec Edna. En fait, ne la fais pas toi-même, demande plutôt à ton bon ami Tom Cruise.

- Juste pour que tu saches, je n'ai jamais rencontré Tom Cruise. Par contre, j'ai déjà rencontré Uma Thurman et elle est très sympathique.

- Alors c'est à elle que tu devrais demander.

- Va chier.

- Je suis sérieuse, roucoula Edna. Une entrevue avec une célébrité pourrait faire toute la différence.

Je soupirai et déposai ma fourchette, qui s'apprêtait à attaquer un bol de chili institutionnel. Je me tournai ensuite vers Edna pour plaider ma cause calmement.

- Tout d'abord, je ne suis pas une célébrité. Deuxièmement, tout le monde a déjà eu l'occasion de me voir et on me trouve bizarre; je n'arrive tout simplement pas à m'intégrer. Troisièmement, si je t'accordais l'entrevue, j'attirerais encore plus l'attention, et c'est exactement le contraire de ce que je recherche. Et enfin, Edna, j'ai de la peine à croire qu'une entrevue avec l'élève manifestement la moins conforme du lycée, qui d'ailleurs n'a rien d'intéressant à dire, va impressionner l'administration. Il va falloir trouver quelque chose de plus substantiel que ça.

- Eh bien, je ne sais pas quoi faire d'autre.

- Voyons Edna, tu es une journaliste, lui fit remarquer ma sœur. Tu dois bien pouvoir dénicher quelque chose de juteux.

- Il ne se passe jamais rien ici. Même nos équipes sportives ne gagnent jamais. Personne n'a fait les auditions pour le spectacle du printemps, alors il n'aura même pas lieu. Cette école est clairement le lycée le plus ennuyeux du monde.

- Alors, écris un article là-dessus, suggérai-je.

- Brillant.

- Alors Rhee, comment se passe la fanfare ? me demanda Blaine.

Se joindre à la fanfare quand tu n'as aucune expérience musicale constitue effectivement un choix intéressant. Quand je suis entrée dans le bureau de l'enseignante du département de musique, elle m'a regardée avec une expression d'impuissance, comme si je représentais la corvée de trop qui risquait de lui faire péter les plombs.

- Tu n'as même jamais suivi des cours de flûte à bec ? me demanda-t-elle.

- Non.

- Des cours de piano ?

- Non, jamais.

Je haussai les épaules.

- Je ne peux même pas... Penses-tu que tu pourrais jouer d'un instrument à anche ? Ou peut-être de la clarinette ? J'aurais besoin d'une deuxième clarinette.

- Je peux bien essayer.

Ce que je fis. Une grimace apparut sur son visage. Une grimace pas très joyeuse.

- Les cloches, dit-elle.

- Pardon ?

- Tu peux jouer les cloches.

Elle me mena à une sorte de grand engin au fond de la pièce et me tendit un maillet.

- Essaie, m'encouragea-t-elle.

Ding.

- Pas si mal. Bon. Frappe sur celle-là quand je te montre du doigt. *Seulement* quand je te montre du doigt.

C'était d'accord. Nous arrivâmes à une entente : je me tiendrais tranquille la plupart du temps, sauf quand ce serait le temps d'un ding et, en échange, elle me laisserait me cacher à l'arrière de sa classe en paix. Forcément qu'à un moment donné, l'automne prochain, elle allait essayer de me faire enfiler, contre mon gré, un uniforme en polyester avec un grand chapeau orné de glands. Mais je me défilerais le moment venu.

Je me mis à la tâche. J'essayai de codifier et d'obéir à toutes les règles byzantines qui régissaient le fonctionnement social du lycée. Quand je le pouvais, je me cachais ou, lorsque cela m'était impossible, j'employais ce qui restait de mes aptitudes de célébrité afin de paraître imperturbable.

C'était emmerdant, mais pour de l'emmerdement, ce n'était pas aussi horriblement emmerdant que ça aurait pu l'être. J'avais l'impression que si j'étais capable de m'accrocher, je serais en mesure de survivre encore à une année de lycée, d'obtenir mon diplôme, de me trouver un gagne-pain honnête et ordinaire et de rester ici, à proximité de mes vieux.

Parce que je devais absolument rester à proximité de mes vieux. Papa était plus souvent à la maison maintenant que son projet était défini et semblait bien avancer. C'était presque terminé et maman se sentait mieux. Pas tout à fait assez bien pour pouvoir arrêter les stéroïdes, mais ça s'améliorait et il semblait qu'elle pourrait bientôt prendre de bonnes vieilles aspirines pour contrôler l'enflure à l'intérieur de son corps.

Tout ça pour dire qu'alors que le printemps s'achevait et que l'été faisait son entrée, tout se présentait plutôt bien. Pas génial, mais supportable.

Jusqu'au jour où... ouf. J'imagine qu'on avait eu un printemps plutôt riche en nouvelles, parce qu'une fois passée la première rafale d'attention médiatique, le *Daily Post* et son équipe de « journalistes » pourris m'avaient plus ou moins laissée tranquille. Il y avait une photo de moi de temps à autre, mais puisque je ne passais pas mon temps dans les boîtes de nuit, ne volais pas les copains d'autres filles et ne faisais pas d'escapade à Las Vegas pour me marier, je n'étais pas une cible très intéressante. Qu'est-ce qu'ils allaient écrire à mon sujet ? Qu'ils m'avaient aperçue en train d'attendre l'autobus ou de promener le chien du voisin ? Scandaleux.

Et puis, un jour, ils trouvèrent de quoi assouvir leur faim. C'était en fait assez innocent. Ma mère et moi étions à Manhattan pour voir l'exposition de vêtements d'époque qui a lieu tous les ans. Je me disais que puisque ma mère était si douée en décoration d'intérieur, elle serait peut-être aussi douée pour dénicher d'anciens modèles de couturiers et que je pourrais lui ouvrir une petite boutique branchée dans Astoria, où semblent se réunir les universitaires. Nous passâmes une journée fantastique : c'était génial de voir tous ces beaux vêtements, et l'idée d'ouvrir sa propre boutique commençait vraiment à plaire à maman.

- Ça me fera beaucoup plus de travail, dit-elle tout à coup d'un ton plaintif. Est-ce que tu sais à quel point ce fut difficile de faire démarrer l'entreprise de ton père ? Rien que comprendre la comptabilité nécessitait des études universitaires.

- Ouais, mais maintenant tu sais comment ça marche, lui fis-je remarquer.

- Peut-être que je pourrais avoir une partenaire. Quelqu'un que je pourrais convaincre de faire tout le boulot. Oh...

- Est-ce que ça va ? demandai-je, une boule dans la gorge. Maman ? Maman ! Tu veux t'asseoir un moment ?

Je regardai autour de moi, affolée. Le seul endroit où s'asseoir était une chaise longue antique surveillée par un couple d'apparence hostile portant des t-shirts assortis.

- Ha ! dit-elle en se redressant et en me donnant une petite tape sur le bras. Tu vois ? Je vais ouvrir une boutique avec toi et chaque fois que j'aurai envie d'être paresseuse, j'aurai une rechute de lupus.

- Oh mon Dieu, je te déteste, gémis-je, à la fois soulagée et irritée.

- Eh bien, si je t'énerve assez, tu ne t'ennuieras pas de moi quand je ne serai plus là.

- Arrête de faire ce genre de blague.

Elle me fixa avec un regard qui voulait dire : « tu rigoles ? ».

- J'ai certainement le droit de faire des blagues de ce genre, m'informa-t-elle. Bon, je me calme, mais sache que c'était justement le gros avantage que tu ne sois pas au courant de ma maladie.

- Quel avantage ?

- De pouvoir se bagarrer. De pouvoir se plaindre. De pouvoir être fâchée l'une contre l'autre comme n'importe quelle mère avec sa fille. Kaleigh renonça à se fâcher contre moi la seconde où je fus diagnostiquée. Je dois avouer que les quelques semaines pendant lesquelles tu n'étais pas au courant furent les seuls moments me permettant de me rendre compte de ce que c'était que d'avoir une vraie adolescente. De ce que c'était qu'être une mère tout à fait normale, dit-elle en tripotant un châle en soie brodé qui recouvrait un présentoir. C'était chouette.

- Eh bien, j'essayerai d'être plus énervante.

- D'accord.

Lorsqu'elle fut vraiment fatiguée, je nous fis ramasser par une voiture et reconduire jusqu'à Queens. Je n'allais pas la laisser s'épuiser et, comme tu le sais, j'en avais les moyens. Papa m'avait trouvé un conseiller financier qui investissait suffisamment d'argent pour payer mes études universitaires, celles de Kaleigh et la retraite de mes parents. On en avait plus qu'assez. Surtout parce que nous étions restés dans la maison où j'avais grandi (où du moins j'avais commencé mon processus de croissance). Il n'y avait pas de problème. Tout semblait bien aller.

* * *

Le lendemain matin, Kaleigh et moi sirotions nos cafés, baignant dans les premières lueurs du soleil matinal. Nous étions en train d'essayer de nous préparer pour aller à l'école quand le téléphone sonna. Kaleigh bondit de l'autre bout de la cuisine pour y répondre afin d'éviter que la sonnerie ne dérange maman.

- Ouais ? demanda-t-elle. Encore ? Elle s'en fout.

Une pause, puis :

- Ah non. Qu'est-ce que – Est-ce que vous l'avez ?

Tout ceci attira mon attention.

- Amène-le, dit-elle, le visage rouge de colère.

Elle raccrocha violemment le téléphone sans dire au revoir.

- C'était qui ? lui demandai-je. Qu'est-ce qu'il y a ?

Elle marcha jusqu'à la porte arrière de la maison et l'ouvrit. Edna était déjà là, debout à la porte. Elle tenait un exemplaire du *Daily*

Post à bout de bras comme s'il avait été recouvert de caca de chien. Kaleigh l'arracha de ses mains et revint dans la cuisine. Je tins la porte pour Edna en me demandant pourquoi Kaleigh se comportait de manière aussi impolie. Edna et moi la suivîmes jusqu'à la table de la cuisine, où elle ouvrit le journal à la sixième page.

Puis je compris pourquoi elle était si furieuse.

C'était une photo de maman et moi.

FÉE CLOCHETTE ET VIEILLE SORCIÈRE annonçait la manchette.

- Quels idiots, dis-je en bouillonnant de rage.

Ils avaient sali ma mère.

Ils étaient allés trop loin.

Chapitre 10

- Alors la première chose que j'ai faite fut de téléphoner au journal, rapportai-je aux gars dans la cafétéria.

Je leur racontai l'histoire de Rhiannon versus les géants médiatiques.

- Laisse-moi deviner, dit Blaine. Ils se sont jetés à tes pieds en balbutiant de serviles excuses.

- Pas tout à fait, avouai-je. Par contre, la première personne sur laquelle je suis tombée était une réceptionniste et elle était vraiment sympathique. Elle m'a transférée à A. J. Forenza, le crétin qui écrit toutes ces histoires sur moi, alors qu'elle n'était pas censée le faire.

- Il a été tellement *con*, ajouta Kaleigh. J'écoutais depuis un autre téléphone et dès que Rhee s'est présentée, il s'est mis *à rire*.

- Comme s'il s'attendait à ce que je l'appelle. Et là, je commence à lui dire que ma mère n'a pas besoin de se faire traiter de la sorte, parce qu'elle est malade, et que moi je la trouve superbe. Puis il m'interrompt pour me dire qu'il est en train d'enregistrer la conversation.

- « Je suis obligé de t'en informer », a-t-il

dit, poursuivit Kaleigh. Comme s'il s'agissait de la loi la plus stupide au monde. Puis après il ajouta : « Mais continue. Je peux me servir de tout ce que tu dis, et crois-moi, ça va être génial ».

- Je le déteste, dit Edna, bouillonnant de colère. Et dire qu'il se considère comme un journaliste.

- Alors j'ai tout de suite raccroché, dis-je. Je croyais que j'allais vomir. À Los Angeles, je ne devais jamais m'occuper de ce genre de truc moi-même. Ça m'arrivait de temps en temps d'être mentionnée dans les échos mondains, mais le studio avait tout un département de relations publiques pour s'en charger. Soit ils envoyaient une ordonnance de cessation et d'abstention, soit ils... Hmm.

- Soit ils quoi ? demanda Edna. Parce que bien que je déteste les échos de la presse, il faut tenir compte de la liberté d'expression et je serais triste d'apprendre que...

- Rhee ? insista Kaleigh. Qu'est-ce qu'ils faisaient ?

- Eh bien, si le journaliste avait l'intention d'écrire quelque chose de négatif, au sujet de mon poids par exemple, ou quelque chose dans le genre, le studio lui fournissait un autre potin – quelque chose de plus intéressant, mais moins nuisible – sur moi ou sur quelqu'un d'autre de l'émission. Ils lui offraient une photo exclusive de moi en train de m'acheter un caniche, de prendre des cours de plongée, ou quelque chose comme ça, s'il promettait d'oublier tous les trucs horribles qu'il s'apprêtait à raconter. En fait, ils contrôlaient les commères avec des commérages plus juteux.

- Intéressant, dit Edna.

- Alors pour sauver maman il faudrait..., réfléchit Kaleigh.

- Leur donner ce qu'ils veulent, dis-je en soupirant. C'est-à-dire moi.

Quelques minutes plus tard, Edna m'aidait à m'installer dans le bureau du journal du lycée. Le téléphone était relié à un magnétophone et nous avions deux autres téléphones branchés sur la même ligne pour leur permettre, à elle et à Kaleigh, d'écouter. Ça faisait très *Les Experts : Lycée de Queens*.

- Heureusement que l'école ne nous a pas encore retiré tout ce matériel, dit Edna en se mettant des écouteurs sur les oreilles.

Avec ses écouteurs, elle avait l'air de Princesse Leia. C'était un bon look pour elle. Kaleigh avait tout simplement l'air de Kaleigh, son long visage mince au regard intense encadré par deux rideaux de cheveux noir jais. Elle aussi portait des écouteurs à la Princesse Leia.

Bon. Concentre-toi.

Blaine et Justin étaient à côté de nous, assis sur le dessus d'un bureau. Ils étaient penchés vers l'avant avec l'air d'attendre quelque chose et avaient de gros cahiers de journaliste dans les mains, au cas où ils auraient quelque chose à nous dire durant la conversation.

- Es-tu prête ? me demanda Edna.

- Non, mais vas-y quand même, répondis-je.

Je pensai à ma mère qui avait essayé – suivant la tradition ancestrale des Taylor que je maintenais si bien – de faire comme si elle se fichait de la photo et de la manchette. Mais j'avais bien vu que ça lui avait fait de la peine. À l'époque, elle était bien dans sa peau et fière de son apparence. Mais sa maladie lui donnait l'impression d'être prisonnière dans un corps qu'elle ne pouvait plus contrôler. Elle détestait se sentir si impuissante. La photo lui avait fait mal. C'était méchant. Aussi méchant que les filles qui rient des mollets trop musclés. Dix fois plus méchant. Mille fois plus méchant. Des millions de fois plus méchant. Mon Dieu que je détestais A. J. Forenza.

Edna composa le numéro de téléphone du journal, puis je demandai son numéro de poste.

- C'est Rhiannon Melissa Taylor, annonçai-je lorsqu'il répondit au téléphone.

- Rhiannon, dit-il d'un ton mielleux et répugnant. Tu sais ce que je fais en ce moment, n'est-ce pas ?

- Vous enregistrez cette conversation, répondis-je en retenant mes frissons.

Kaleigh fit semblant de vomir. Edna fronça les sourcils, concentrée, en fixant le dessus du bureau devant elle.

- Moi aussi j'enregistre, juste comme ça, pour le plaisir, ajoutai-je.

Il lâcha un petit rire.

- Alors, qu'est-ce que tu as à me dire ?

- Exactement ce que j'ai essayé de vous dire ce matin, avant que ma colère ne l'emporte, lui dis-je. La femme sur la photo, c'est ma mère et je ne veux pas que vous vous moquiez d'elle.

- Elle t'a emmenée à toutes ces auditions quand t'étais petite, non ?

- Oui.

- Et à l'école de théâtre ?

- Bien sûr.

- Et cette entreprise que tes parents ont fondé – celle qui fait travailler ton père dans les Hamptons pour essayer de terminer la cuisine de Seinfeld à temps – tout ça, c'est grâce à ta célébrité et à ton succès, n'est-ce pas ?

- Je ne vois pas où vous voulez en venir...

- C'est à cause du fric que tu gagnais que ta mère t'a poussée sur cette voie, non ?

- J'imagine qu'on peut le voir de cette manière.

- Eh bien, dit A. J. avant de s'arrêter un instant, probablement pour créer un effet dramatique. Dans ce cas, Je dirais qu'elle constitue une cible légitime. Tu ne fais pas tout ça si tu n'es pas en quête de célébrité. Et si tu convoites autant la célébrité, mais que ça ne s'est pas passé pour toi – j'imagine que tu vis ton rêve à travers ta fille. C'est exactement ce qu'elle fait. Crois-moi, elle l'a voulue, toute cette attention. Et ceux qui ont besoin d'avoir autant d'attention s'en foutent que celle-ci soit bonne ou mauvaise.

- Non, vous ne comprenez pas, insistai-je.

- Qu'est-ce que je ne comprends pas, poupée ?

demanda-t-il, m'exaspérant encore plus.

- Vous vous trompez. Ma mère a fait tout ça parce que moi, je le désirais, pas elle.

- Bien sûr. C'est ce qu'elle te fait croire. Et tu t'en souviens comme ça parce qu'elle t'a toujours répété la même histoire, un vrai lavage de cerveau.

- Écoute, gros rat, interrompis-je.

Edna me passa un morceau de papier sur lequel était écrit *Reste dans le sujet.*

Je pris une profonde respiration.

- Oui ? dit-il, sa voix ressemblant à un étrange mélange de celles de Kelsey Grammer et Wile E. Coyote.

- Ma mère a cette apparence parce qu'elle est malade, dis-je aussi calmement que possible. Elle a le lupus. Ça la fatigue énormément et le traitement la rend bouffie. Ça fait des années qu'elle lutte contre cette maladie et je n'étais même pas au courant. Si le studio ne m'avait pas renvoyée, elle ne me l'aurait peut-être jamais dit et j'aurais pu la perdre. Maintenant je suis de retour à la maison et j'ai décidé de renoncer à toute forme de célébrité pour rester auprès d'elle. Et je veux que vous la laissiez tranquille. Être atteint de cette maladie est suffisamment difficile sans avoir en plus à subir le stress causé par des gens comme vous.

Il était silencieux au bout du fil. Je crus un instant qu'il avait raccroché ou que la connexion téléphonique avait été coupée pour une raison ou une autre. Puis j'entendis un long rire grave.

- Elle est bonne, dit-il. Bel effort. Mais si tu t'attends à ce que je gobe ça, tu dois aussi penser que je vais te croire quand tu me dis que tu as volontairement tourné le dos à Hollywood afin de prendre soin de ta mère malade.

- Ce n'est pas ce que j'ai dit, protestai-je.

- Écoute, je n'en ai rien à cirer, même si ta mère était atteinte de dix sortes de cancers différents, m'informa A. J. Forenza. T'es rien qu'une petite hollywoodienne gâtée qui ne supporte pas de ne pas avoir le contrôle sur ce qu'on dit d'elle. Peu importe les détails, toute cette foutaise sur ta mère, je n'y crois pas une seule seconde – mais si c'est vrai, ça me donnera de quoi étoffer mes articles pendant encore une semaine. Merci pour le tuyau, Rhiannon. Ta petite tragédie familiale fera un super drame à la une.

- Vous n'avez pas intérêt à faire ça, dis-je enragée. Ne songez même pas à...

- Au revoir, petite fille, chantonna-t-il en raccrochant.

Je raccrochai le téléphone violemment.

- Ah ! m'écriai-je. Je le déteste !

- Moi, je l'adore, déclara Edna.

- Tu quoi ?

- J'aurais préféré, pour le bien de ta mère, qu'il s'excuse et se rétracte. Mais à part ça, il nous a donné exactement ce dont on avait besoin. Un scoop exclusif – pour son concurrent.

- Tu veux dire le *New York News* ?

demanda Kaleigh.

- Bien sûr. C'est diabolique ! s'écria Blaine.

- Pourquoi parlez-vous comme ces obsédés de la conspiration dans *X-Files* ? leur demandai-je. C'est quoi le plan maintenant ?

Edna sortit la cassette du magnétophone.

- On va transférer ça sur fichier MP3 et le graver sur CD-ROM, dit-elle. On va ensuite l'apporter aux bureaux du concurrent du *Daily Post*. Non seulement ils écriront un article sur ta mère malade, mais aussi sur l'attitude dégueulasse d'A. J. Forenza, sans oublier de mentionner à quel point tu étais complètement bouleversée. Brute de quarante ans contre jeune fille de seize ans – de quel côté pensez-vous que le public va pencher ?

- On va se moquer de lui dans toutes les salles de rédaction de New York, acquiesça Kaleigh.

- On verra enfin quel crétin il est, ajouta Edna.

- Franchement, dis-je. Qu'est-ce que les gens en ont à cirer ? Ce genre de truc ne marche jamais !

Faux. Apparemment, ce genre de truc marche. Nous manquâmes le reste de nos cours ce jour-là pour aller aux bureaux du *New York News*. Ils nous traitèrent comme si nous étions des membres de la famille royale. Après avoir écouté notre cassette, ils arrêtèrent littéralement les rotatives pour insérer dans le journal une énorme et affreuse photo d'A. J. Forenza prise lors d'une soirée quelconque. Ils n'avaient encore jamais eu l'occasion de publier cette image sur laquelle Forenza était en train de crier, le visage tout rouge et couvert de sueur. Ils insérèrent également une photo de moi, avec mon expression la plus mignonne et angélique. L'image d'un téléphone séparait nos deux photos.

Au-dessus des images était imprimé, en gros caractères : TOUS LES VILS EN PARLENT. Juste en dessous, en plus petits caractères, était écrit : *Journaliste crapuleux n'obtient pas le matériel désiré pour ses échos mondains – mais est tout simplement immonde. Et grossier et sans cœur. Lisez l'article sur ses habitudes de harceleur aux pages 7 à 10.*

À l'intérieur se trouvait un article condamnant ce que A. J. Forenza avait essayé de me faire, accompagné d'une transcription de notre conversation téléphonique. L'article le montrait sous son vrai jour : un crétin assoiffé de potins qui se comportait en amateur.

Et pour la première fois depuis bien longtemps, j'étais la gentille.

L'article disait : *Comme si elle n'en avait pas déjà vu de toutes les couleurs, avec son brusque renvoi de la série télévisée qu'elle avait pourtant aidé à créer, Rhiannon Melissa Taylor a été la victime d'une attaque personnelle d'un journaliste un peu trop zélé. A. J. Forenza a, en effet, profité d'une photo peu flatteuse de Taylor et sa mère, prise alors qu'elles quittaient l'hôpital suite à une série de traitements pénibles censés guérir une grave forme de cancer dont souffre la mère de Taylor.*

Ils n'avaient pas tout bien compris, mais bon. Penses-tu vraiment que j'allais m'obstiner quand tout semblait si bien marcher ?

- Eh bien, c'est plutôt impressionnant, s'exclama maman le lendemain matin lorsqu'on lui montra la nouvelle version améliorée de l'histoire parue aux nouvelles la veille. Regarde ce qu'ils disent sur toi, Rhee !

Kaleigh lut quelques lignes à voix haute :

- « Taylor a fait preuve de beaucoup de courage face à sa situation de ces derniers mois, ne se plaignant jamais, même lorsqu'elle dû revenir à New York pour prendre soin de sa mère. La jeune fille que nous considérions jadis comme une star gâtée de Hollywood était en fait en train d'essayer de surmonter des circonstances tragiques, sous les yeux même des médias nationaux. Et pour cela, nous nous excusons humblement. » Ah ! Je vais vomir !

- Je ne savais même pas qu'elle était malade à l'époque, fis-je remarquer. Quand le pendule de l'opinion publique balance de l'autre côté, il va très loin.

Le téléphone sonna.

- Je réponds, dit maman. C'est probablement votre père, et de toute façon, c'est l'heure d'aller à l'école, les filles. Allez ! Allô ?

Kaleigh et moi prîmes notre temps en ramassant nos sacs à dos. Si c'était papa, on avait envie de lui parler nous aussi. Mais si ce n'était pas papa... Maman se tourna vers moi, un sourire amusé illuminant son visage.

- Eh bien, je vais lui demander, dit-elle après quelques secondes.

Elle serra le téléphone contre sa poitrine.

- C'est Rose Abromowitz du journal télévisé de sept heures, m'informa-t-elle. Elle aimerait une entrevue avec toi et veut la diffuser aux nouvelles de cinq heures, sept heures et onze heures. Allez, prends le téléphone !

- Jamais de la vie, répondis-je en riant. Elle peut lire le journal comme tout le monde.

- Tu n'as pas le choix, dit Kaleigh.

Je pris le téléphone.

- Rose, merci beaucoup, mais je dois refuser...

- Mais c'est votre histoire, rétorqua-t-elle.

Sa voix à l'autre bout du fil me prit un peu par surprise. Elle était tellement convaincante ! J'imagine que c'est pour ça qu'elle était présentatrice à la télé – elle savait d'instinct comment obtenir la confiance des gens.

- Qui d'autre connaît ce que vous avez vécu ? poursuivit-elle. Vous n'avez rien laissé paraître pendant tout ce temps...

- Écoutez, j'apprécie que le *New York News* publie cette histoire, mais ils ont mal compris quelques-uns des faits, répondis-je.

- Voilà justement pourquoi vous devriez accepter de faire l'entrevue, insista-t-elle. Ça fait bien trop longtemps que vous tenez le petit bout du bâton. Voici l'occasion de raconter votre propre version des faits. Rhiannon, dites-moi s'il vous plaît que vous serez ici au studio à quatre heures trente.

J'hésitai. J'entendis le bruit des aiguilles de l'horloge. Je regardai ma mère et ma sœur, qui me souriaient toutes les deux comme une paire de masques comiques. Tout ceci était complètement ridicule. Pourquoi ne pas passer aux nouvelles ? Je savais comment bien paraître à la télévision. Je pouvais bien le faire une dernière fois.

- D'accord, dis-je enfin. J'y serai.

* * *

Pourquoi ai-je accepté ? J'avais une énorme boule dans la gorge pendant que la maquilleuse m'appliquait du fond de teint sur le visage.

- Pouvez-vous faire en sorte que j'aie l'air d'avoir 5 kilos de moins ? la suppliai-je.

- Je peux, mais la caméra te les rajoutera.

- D'accord, alors assurez-vous qu'il n'y aura qu'une seule caméra sur moi, insistai-je.

Edna riait, mais moi, j'étais malheureuse. Que se passait-il ? Ça m'était arrivé d'innombrables fois de passer à la télévision, aussi bien pré-enregistrée qu'en direct. Je n'étais pas censée être nerveuse. J'avais dû perdre quelque chose. Mon sang-froid. Ma capacité d'improvisation. Je ne pouvais pas faire l'entrevue. Je savais que je ne pouvais pas faire l'entrevue, mais je ne savais pas quoi faire pour arrêter ce train qui était déjà en marche, dévorant les rails à toute vitesse.

- Tu n'as pas très bonne mine, me dit Edna.

- Moi je la trouve bellissima ! déclara la maquilleuse. Elle était italienne. Et aveugle, apparemment.

- Je ne peux pas faire l'entrevue, dis-je en lui prenant le bras.

- Allez, viens. La seconde où tu te retrouveras face à la caméra, tu te sentiras mieux. Tu vas voir, promit Edna.

Un assistant à la réalisation nous accompagna jusqu'au studio, où je m'installai à côté de Rose Abromowitz. Tu ne t'attendrais pas à ce qu'une personne du nom de Rose Abromowitz soit une grande femme d'origine africaine à la peau très foncée. Mais c'est bel et bien ce qu'elle était, et j'imagine que ça ne faisait qu'ajouter à son charme exceptionnel. Cette superbe femme intelligente représentait à elle seule la diversité de la ville de New York.

-Êtes-vous prête ? me demanda-t-elle pendant que l'assistant fixait le micro à ma chemise.

- Je ne peux pas, réussis-je à gémir.

Rose me regarda attentivement, ses grands yeux marron évaluant la situation. Elle posa une main fraîche sur mon bras.

- Nous avons fait une répétition, me rappela-t-elle. Vous savez exactement ce qui va se passer. Vous en êtes capable. Je ne suis pas en train de vous le demander, je vous le dis. Tout va bien se passer.

Comme je le disais, la plupart des gens font intuitivement confiance à Rose Abromowitz. Mais au milieu de ce studio animé, une caméra braquée sur moi, je ne réussissais pas à penser à autre chose qu'à ce qui s'était passé la dernière fois que je m'étais retrouvée dans cette situation. La terreur qui m'avait envahie quand Lindsay avait disparue. L'entrevue qui s'était déroulée hors de tout contrôle. Ma vie qui avait été totalement bouleversée en l'espace de quelques heures. Je ne pouvais pas faire l'entrevue. Je ne pouvais honnêtement pas faire l'entrevue.

Je plongeai mon regard dans les grands yeux marron de Rose qui inspiraient tant la confiance en espérant qu'elle aussi me ferait confiance quand je lui avouerai l'ultime vérité :

- J'peux pas.

- Enlève-lui le micro avant qu'elle ne tombe dans les pommes, lança-t-elle à l'assistant de réalisation.

Elle se tourna ensuite vers Edna.

- Vous allez prendre sa place, lui dit-elle.

- Quoi ? demanda Edna, incrédule.

Je remarquai pourtant qu'elle n'avait pas pâli.

- C'est vous qui allez prendre sa place. Vous l'aidiez à se préparer avant la répétition. Vous êtes son amie d'école. C'est vous qui allez raconter cette histoire.

- Je suis aussi à la tête du journal de mon lycée, ajouta Edna.

Elle tendit le col de son t-shirt pour qu'on

y fixe le micro tout en me donnant de petites tapes rassurantes sur l'épaule.

Rose sourit :

- Eh bien, félicitations pour ton premier grand scoop.

Chapitre 11

L'entrevue avec Edna fut géniale. Mieux que géniale. Elle ne fut pas seulement diffusée lors d'un journal télévisé de la chaîne, mais lors de leurs quatre journaux télévisés. Et l'histoire passa même aux nouvelles nationales.

- J'ai connu Rhiannon par le biais de sa sœur, Kaleigh, qui va au même lycée que moi, raconta Edna à Rose.

Edna avait l'air détendue, fraîche et complètement à l'aise devant la caméra.

- Et quel effet cette situation a-t-elle eu sur Rhiannon ?

- Rhiannon est une personne drôle, courageuse et sensible, répondit Edna en secouant la tête. Elle fait face à la maladie de sa mère à sa manière à elle : avec humour et de bonne grâce. Mais la façon dont elle s'est fait traiter par le studio et l'attention médiatique ont été difficiles à encaisser, autant pour elle que pour toute sa famille.

- Voyons comment toute cette histoire a commencé, dit Rose.

Ils rediffusèrent mon entrevue fatale avec

Juliet Babarino. Ils figèrent l'image sur mon visage, en gros plan, au moment même où je réalisais à quel point l'entrevue se passait horriblement mal.

- Cela a dû être très pénible, dit Rose en secouant la tête.

- Après cette entrevue, des représentants du studio l'ont escortée hors de sa résidence, la seule maison qu'elle avait connue depuis qu'elle jouait dans la série, expliqua Edna. Rhiannon fit rapidement ses bagages et fut conduite à l'aéroport. Elle n'avait jamais eu à faire quoi que ce soit par elle-même jusque-là et, tout d'un coup, elle se retrouva complètement seule. Elle n'a même pas eu le droit de dire au revoir à la tutrice qui avait été engagée par le studio pour s'occuper d'elle pendant toutes ces années.

- C'est terrible. Et l'émission n'a plus autant de succès depuis qu'elle est partie, n'est-ce pas ?

- Mitzi McFarlane est une actrice formidable, mais le public n'a pas apprécié la façon dont cette situation a été gérée, dit Edna.

Comment était-elle au courant de tout ça ? Elle s'était vraiment bien préparée. Et les mots sortaient de sa bouche avec tant de précision et d'élégance ! En la regardant faire, je me disais sincèrement que je n'aurais pas pu faire mieux.

- Alors, quels sont les projets de notre brave jeune fille maintenant ?

- Elle veut mettre les choses au clair. Elle

souhaite sensibiliser les gens au lupus. Et elle veut passer du temps avec sa famille. À part ça, elle n'a pas de projets majeurs.

Rose Abromowitz hocha la tête pensivement tout en survolant du regard un bout de papier qui lui avait été remis par un messager. J'en étais l'auteure.

- Edna, il me reste encore une question à vous poser. Vous aimeriez devenir journaliste plus tard, n'est ce pas ?

Edna eu soudainement l'air prise au dépourvu, ce qui me fit sourire. *Hé hé*.

- Oui. Oui, c'est vrai, avoua-t-elle.

- Et pourtant, votre lycée a l'intention de cesser la publication de son journal l'année prochaine. Ils veulent utiliser les fonds pour décorer le bureau du directeur, n'est-ce pas ?

- C'est ce que disent les rumeurs, dit Edna en souriant. Je ne peux pas dire que j'en ai la confirmation.

- C'est très honnête de votre part de nous le mentionner, dit Rose.

Puis elle regarda droit dans la caméra.

- Mais laissez-moi noter que vous avez fait un travail fantastique en nous aidant à réaliser ce reportage. Et si votre école ne tient pas à développer votre talent, elle ne devrait pas être dans le domaine de l'éducation. Je suis Rose Abromowitz, en direct de notre studio à Times Square. À vous, Vincent.

La lumière rouge s'éteignit sur la caméra. Edna et moi communiquions silencieusement en gesticulant frénétiquement alors qu'elle se faisait enlever son micro. La caméra était maintenant braquée sur Vincent Tortelli qui se trouvait à l'autre bout du studio, nous devions encore garder le silence. Dès l'instant où elle fut libérée de son micro, Edna courut vers moi.

- Est-ce que tu lui as dit de dire ça ? me demanda-t-elle.

- Je lui ai simplement mentionné le journal du lycée, répondis-je. Tout le reste vient d'elle. Tu as été géniale ! Tu as mieux raconté mon histoire que je ne l'aurais fait !

- Je ne peux pas croire que tu m'aies fait faire ça !

- Mais tu l'as fait !

Nous sautâmes sur place encore quelques fois, puis Rose vint nous rejoindre, posant ses mains fraîches sur nos épaules.

- Vous avez été géniales les filles. Vous nous avez vraiment sauvés et vous, vous nous avez vraiment fait peur, dit-elle d'abord à Edna, puis ensuite à moi.

- Je suis vraiment désolée, lui dis-je. Je ne sais pas ce qui…J'imagine que c'est parce que je ne suis pas passée à la télé depuis que tout ça m'est arrivé. Ça m'a foutu la trouille.

- C'est compréhensible. Mais ne laissez pas cette mauvaise expérience affecter le reste de votre vie. Vous méritez bien mieux que ça. Et vous, poursuivit-elle en se tournant vers Edna, vous avez un avenir dans le journalisme.

J'espère bientôt vous voir ici comme stagiaire. En fait, je compte dessus. Je vous recommanderai personnellement.

- Oh ! répondit Edna, souriant d'une oreille à l'autre.

- Elle veut dire merci et qu'elle acceptera certainement votre offre, traduisis-je.

Rose me donna une petite tape rassurante et secoua la tête en se remémorant la panique de dernière minute que je lui avais causée. Puis elle retourna à son bureau. Il ne nous restait plus, à Edna et moi, qu'à retourner à Queens, sauf que cette fois notre voiture était payée par le studio du journal télévisé.

Je pourrais m'habituer à ce style de vie. M'y réhabituer. Si seulement j'arrivais à récupérer mon sang-froid. Était-ce possible ?

Bof, pourquoi en prendre la peine ? Ce n'était pas vraiment nécessaire. Ce n'était pas comme si j'éprouvais un besoin irrésistible de retourner sous l'œil du public.

* * *

Ah, non, attends. En fait, j'en éprouvais un.

- Bonjour, c'est Rhiannon, dis-je au téléphone le lendemain après-midi après l'école.

(En passant, ce n'était vraiment plus aussi emmerdant d'aller à l'école. On dirait que si tu défends ta mère atteinte de lupus à la télévision, les gens sont en fin de compte très sympathiques avec toi.)

- Je retourne votre appel ?

- Ah ! Super ! dit l'homme à l'autre bout du fil.

Il semblait épuisé et légèrement nerveux. Je l'entendis mettre des papiers – qui se trouvaient probablement en grand nombre sur le dessus de son bureau encombré – de côté afin de m'accorder toute son attention.

- Rhiannon ! Bonjour, me dit-il. Mon nom est Rick Wilkenson, je suis à la tête de l'Association Nationale du Lupus.

- Oui, c'est ce que ma mère m'a dit, répondis-je. J'ai reçu beaucoup d'appels aujourd'hui, mais le vôtre est le seul que je retourne.

- J'en suis très heureux, répondit-il. Écoutez, je veux vous demander quelque chose. Avant d'apprendre que votre mère était atteinte de cette maladie, en aviez-vous déjà entendu parler ?

- Non, avouai-je.

- Il y a pourtant actuellement un million et demi de personnes qui en souffrent. Soixante pour cent de la population américaine ne sait pas vraiment de quoi il s'agit. Plus de la moitié des personnes atteintes ne savaient pas ce qu'elles avaient pendant plusieurs années et ont dû consulter trois médecins ou plus avant d'obtenir un diagnostic exact. Cette maladie existe et affecte des gens, mais seul un petit nombre de médecins savent bien la diagnostiquer et la traiter.

- C'est nul, dis-je.

- Oui, c'est nul. Mais les choses peuvent changer.

- Heu...

- Rhiannon, les frères Baldwin ont créé une fondation du cancer du sein au nom de leur mère. Katie Couric est à la tête de la campagne de sensibilisation au cancer du colon en honneur de son mari. Lou Gehrig a carrément prêté son nom à une maladie.

- J'espère que vous n'êtes pas en train de me demander ce que j'ai l'impression que vous allez me demander...

- J'aimerais que vous soyez notre porte-parole.

- Rick, vous me semblez vraiment très sympathique, gémis-je. Mais faites-moi confiance, cela n'aiderait pas votre cause.

- Vous ne feriez pas ça seulement pour m'aider moi, dit-il d'un ton persuasif. Mais vous donneriez le coup d'envoi pour des campagnes de levée de fonds dans le but de trouver de meilleurs traitements et d'aider les gens à comprendre ce qui leur arrive. Vous aideriez votre mère à recevoir de meilleurs soins.

- Elle va déjà chez les meilleurs médecins, rétorquai-je.

- Qui nécessitent sans doute de l'argent afin de développer leurs traitements expérimentaux et leurs approches holistiques, continua-t-il.

- Je ne sais pas, dis-je en soupirant.

- Votre mère m'a dit que c'était à vous de décider. Elle ne veut surtout pas vous dire quoi faire. Mais vous savez quoi ? Elle aimerait bien que vous acceptiez.

- Franchement, qu'est-ce que vous en savez ? dis-je en soupirant de frustration.

- Je n'en suis pas certain. Je lui ai seulement parlé quelques minutes. Mais j'ai l'impression que ça l'embête que vous ayez laissé tomber votre carrière à cause de tout ça.

- Au cas où vous ne l'auriez pas remarqué, c'est ma carrière qui m'a laissé tomber, et non le contraire.

- Mais vous ne lui avez pas couru après.

Nous restâmes tous deux silencieux quelques instants.

- Vous savez, je devais faire cette entrevue avec Rose Abromowitz, lui dis-je. Mais je n'ai pas réussi à la faire. Je suis restée figée. Peu importe quel était mon talent, maintenant je l'ai perdu. Je ne pourrais pas être porte-parole de quoi que ce soit en ce moment. Surtout pas de quelque chose d'aussi important.

- Je ne suis pas en train d'essayer de vous forcer à faire quelque chose que vous n'avez pas envie de faire. Ou que vous êtes incapable de faire. Je veux juste vous dire que ceci aiderait énormément notre association. Ce qui veut dire que vous feriez beaucoup plus pour aider votre mère que vous n'auriez cru possible.

- Je vais vous rappeler, promis-je en raccrochant.

Je pris place à la table de la cuisine, regardant la nuit tomber sur notre cour arrière. Ma mère entra dans la pièce.

- Tu n'es pas obligée de le faire, me dit-elle.

- Oui, je le suis, répondis-je. Je dois le faire. Et je vais le faire.

La question était : comment ?

* * *

Et la réponse était : Kenny. Kenny, Léo, Claire, les jeunes – et l'académie.

Les cours d'été intensifs allaient bientôt commencer et je décidai de me jeter à l'eau. Je dois avouer que c'était absolument formidable : soyons francs, en tant que lycéenne, je faisais plutôt extra-terrestre. Ma mère m'avait montré une entrevue de Fred Savage – tu sais, le gars des *Années Coup de Cœur* ? Il disait qu'il avait été complètement exalté lorsque sa série s'était terminée et qu'il avait enfin pu aller au lycée. Il s'était joint à l'équipe de football, s'était présenté aux élections scolaires – bref, toute activité typiquement lycéenne, il l'avait faite.

Mais les réalisateurs ne l'avaient pas licencié. L'émission s'était achevée de façon naturelle, avec le genre de dernier épisode qui fait chaud au cœur et qui est une réelle conclusion. Je ne sais pas. J'imagine que je ne suis tout simplement pas comme ce bon vieux Fred. J'avais l'impression que j'étais incapable de maîtriser les techniques requises pour la survie dans un lycée, malgré mon bel effort. Le dernier jour d'école ne fut vraiment pas très remarquable. La cloche sonna – on avait seulement une demi-journée de cours – et je courus prendre le métro pour arriver à l'heure à l'académie.

Cette fois je ne me demandai pas qui était en train de me comparer à mon personnage de télé. Je ne me comparais pas à lui, moi non plus. Je me plongeai tout simplement dans ce travail, réapprenant les techniques que j'avais oubliées, me concentrant sur moi-même afin de pouvoir utiliser tous les vieux trucs mentaux et émotionnels pour me garder dans mon personnage, même – ou particulièrement – quand ce personnage était moi-même.

Je ne sais pas comment exprimer le bonheur que ça m'apportait.

Le plus grand changement, je dois dire, se fit en moi, et non pas dans mon travail. Dans mon passé d'enfant actrice, je vivais pour plaire aux autres. J'avais un sens des responsabilités surdéveloppé; comme Kaleigh qui avait accepté trop de responsabilités quand maman est tombée malade, j'avais accepté trop de responsabilités dans mon travail. Je faisais ce qu'on attendait de moi et j'avais un énorme besoin d'approbation. J'avais également l'impression que si je ne réussissais pas à accomplir tout ce qu'on exigeait de moi, je ralentissais le tournage de la série. Moi, moi, ma faute – le monde tournait autour de moi, c'est vrai.

Quand j'étais petite et que je prenais des cours de théâtre, je ne laissais pas paraître mes émotions parce que j'avais mieux à faire avec elles. Je les utilisais, je jouais avec, je les faisais remonter en moi quand j'en avais besoin. Ensuite, quand je suis partie vivre à Los Angeles, je les gardais sous contrôle parce que… eh bien parce que c'était le seul moyen de survivre. Pas seulement en tant qu'actrice, mais en tant qu'être humain. C'était écrasant de travailler avec autant d'adultes, de devoir mettre de côté mes craintes et autres sentiments pour le bien de la série.

Je crois que je me suis menti à moi-même en ce qui concerne ma difficulté face au départ de maman. Maintenant, avec le recul, je peux voir que sa santé la préoccupait et qu'elle voulait être auprès de papa. Mais quand c'est arrivé, même si je ne me l'avouais pas, j'ai eu l'impression de devoir me comporter comme si tout allait bien, comme si je n'avais pas la trouille qu'elle soit partie. J'étais une enfant, mais une enfant précoce, quasiment adulte, capable de citer des répliques de films des années 1960 et d'imiter Barbra Streisand. Mes émotions furent emballées et mises de côté afin qu'elles n'interfèrent pas avec ma carrière.

Le temps était maintenant venu de les déballer et d'apprendre à les connaître (« Terreur, voici Rhiannon. Rhiannon, je te présente terreur. » Ahhh !) et à les contrôler sans les refouler. Écoute, rester figé sur place devant une caméra est exactement ce qui arrive quand tu n'es pas en contact avec toi-même. Chaque petite particule de doute de soi bouillonne et monte à la surface. C'est classique.

Voilà ce que je commençais à comprendre.

Une fois le milieu de l'été arrivé, je commençai vraiment à retrouver mes repères. Et ce n'est pas tout ce que je retrouvai. C'était la soirée de la première représentation de notre classe, et le moment était venu : c'était maintenant ou jamais. Je devais monter sur scène devant un public pour la première fois depuis ma crise de panique.

La représentation n'allait même pas avoir lieu à l'académie. C'était une levée de fonds pour le théâtre et tout le monde en parlait. (Tout le monde en parlait ! Écoute-moi parler, on dirait que je suis de retour à Hollywood.) Je jouerais dans la pièce et, en plus, Claire serait de retour sur scène (pour la première fois depuis qu'elle avait quitté l'équipe de *Twentynothings*, la pièce de Broadway dans laquelle elle jouait dans son émission de téléréalité). La grosse affaire ! Et une grosse affaire nécessite un gros espace. Nous avions donc réservé une des scènes extérieures installées dans Central Park pour l'été. Et laisse-moi te dire que si tu penses que la télévision en direct, c'est épeurant, tu devrais voir ce que c'est que d'avoir ton public assis à quelques mètres de toi. Assis par terre, ce qui n'a pas l'air très confortable, et en train de tousser.

- Ouf, dis-je en jetant un coup d'œil au public depuis les coulisses. Qui aurait cru qu'autant de gens se pointeraient pour voir une bande d'adolescents jouer du Shakespeare ?

- On ne s'attendait pas à une foule aussi importante, dit Léo derrière moi.

Léo. Léé-oh. C'est fou ce qu'on s'était rapprochés durant l'été. Ce n'était quand même pas comme si on avait retrouvé notre symbiose d'enfance. Ça aurait été impossible. Une fois que tu as des poils sous les bras, le gars avec qui tu pouvais prendre un bain à l'âge de cinq ans devient... quelqu'un d'autre. Le confort disparaît, mais il est remplacé par quelque chose d'intéressant, une certaine tension.

On continuait à se disputer, mais pas méchamment. On se poussait à travailler plus fort. Kenny disait que Léo me poussait à progresser à un rythme plus rapide que ce que j'aurais accompli sans lui, et que moi, je poussais Léo à aller plus loin dans son jeu qu'il n'aurait pu le faire sans moi.

- Vous êtes le duo parfait, disait-il. Comme Béatrice et Bénédict.

Mais les personnages principaux de *Beaucoup de bruit pour rien* n'allaient pas entrer en scène ce soir. On jouait Richard III et Lady Anne dans la scène où elle enterre son mari, que Richard III a tué – et il parvient à la séduire, pile devant le cercueil. Pile devant le cadavre de son mari, ses plaies pissant encore le sang. Dégueulasse ! Intense ! Génial ! Il lui répugne mais, pourtant, de par la force de sa personnalité et de son charme, ou peut-être de par sa faiblesse à elle, ou encore de par ses craintes concernant ce qu'elle deviendra sans son jeune mari... Bref, c'est une bonne scène. On s'était tellement amusés en la travaillant.

Et quant à nos sentiments... eh bien, c'était comme si de rien n'était. Je savais que je ressentais quelque chose pour lui, mais je ne voulais pas l'admettre. (Est-ce que tout à l'heure j'ai dit que je reprenais contact avec mes émotions ? Peut-être que ça avançait plus lentement que ce que je pensais.) Je me disais que c'était impossible qu'il ait les mêmes sentiments pour moi. En tout cas, j'essayais de ne rien laisser paraître.

Mais au théâtre, il faut laisser paraître les émotions.

J'avais des frissons en dépit de la chaleur accablante de la soirée.

- Quatre cents personnes étaient censées venir, dis-je. Il y en a plus que ça ?

- En fin de compte c'est quatre mille.

- Oh !

Je me tournai pour le regarder dans les yeux. Est-ce qu'il plaisantait ? C'était tellement, tellement difficile à dire !

- Ne me taquine pas, lui ordonnai-je.

- Cette fois je suis sérieux, dit-il en souriant.

- Je vais vomir.

- Voyons, dit-il en riant.

Kenny était sur scène, il présentait la troupe. On était censés aller le rejoindre et faire une grosse scène tous ensemble. Tout le monde. Sur scène.

- Allez, dit Léo. À vos marques tout le monde !

Mes pieds restèrent plantés au sol.

- Ouf, dit-il en plongeant son regard dans mes yeux et en voyant cette même terreur que Rose Abromowitz avait vue.

Seulement il géra la situation différemment. Très différemment.

Il m'embrassa.

Sur le coup, je sursautai. Il ne s'agissait pas simplement de changer de vitesse. Il s'agissait de changer de véhicule en plein milieu de l'autoroute. La seconde où nos lèvres se touchèrent, la tension qui s'était installée entre nous depuis plusieurs semaines me traversa le corps. Mes yeux se fermèrent, mes bras l'enlacèrent et je l'embrassai avec une force que j'ignorais.

Tout cela eut pour conséquence inattendue de chasser tout le trac de mon corps, à tout jamais.

Je suis certaine que j'aurais pu surmonter mon trac en travaillant fort et en mettant en pratique toutes ces techniques émotionnelles dont je parlais tout à l'heure, mais cette méthode était beaucoup plus amusante. Et quand nous jouâmes notre scène ce soir-là, laisse-moi te dire que le public était plus que fasciné. On l'avait dans la poche. Je sentis les spectateurs retenir leur souffle pendant que je fixais, horrifiée, l'assassin de mon mari, un monstre sans pitié, en essayant de décider quoi faire. Je les sentis tomber amoureux de lui en même temps que moi. Je savais qu'ils hésitaient, incertains – même ceux d'entre eux qui connaissaient le texte par cœur – de ce qui allait arriver.

La scène que Léo et moi jouâmes cette nuit-là est sur vidéo, Dieu merci. Car si je ne devais me fier qu'à ma mémoire, je penserais que je me mens en imaginant que c'était si spécial. Il y avait définitivement quelque chose entre Léo et moi. Quelque chose de plus grand que nous. La manière avec laquelle on travaillait ensemble, l'énergie que dégageait le public, la réalité palpable du monde que nous avions construit sur cette scène avec comme seuls outils des mots, des émotions et une espèce d'inspiration divine – c'était la scène parfaite. Toute future représentation serait désormais mesurée à celle-ci. Je sais que je suis capable de jouer comme ça, alors je sais quoi viser et comment y arriver. Bref, je sais que je suis une comédienne. C'est aussi simple que ça.

En retournant dans les coulisses, Claire me prit dans ses bras. Je ne pouvais pas réagir tout de suite, mais je lui souris.

- Est-ce que tu as une drôle de sensation ? demanda-t-elle. Comme si tu étais à l'extérieur de ton propre corps ?

Je hochai la tête.

- Ah ! C'était génial ! dit-elle, en me prenant à nouveau dans ses bras.

Un peu plus tard, alors que maman, papa, Kaleigh et moi étions chez nous, dans notre cuisine, en train de souper, je fixai mes œufs brouillés. (Écoute, j'ai des drôles d'envies des fois, d'accord ?)

- Quelqu'un semble particulièrement pensif ce soir, dit ma mère.

Je levai les yeux. Mon Dieu, elle avait l'air superbe. Et pas seulement parce qu'elle avait arrêté les stéroïdes. J'avais dépassé depuis longtemps la phase où je trouvais qu'il y avait quelque chose de dérangeant dans son apparence physique. J'avais l'impression d'avoir gaspillé des années entières de ma vie sans lui parler tous les jours. J'étais retombée amoureuse d'elle, comme une enfant qui est amoureuse de cet ange tout-puissant qui vient la chercher à la maternelle, se détachant de l'océan des autres mamans comme le plus beau coucher de soleil du monde.

Écoute, je suis une comédienne – et donc forcément un peu trop dramatique.

- Je suis juste contente d'être de retour à la maison, dis-je.

- Je suis contente que tu sois retournée sur scène, me dit-elle. Peut-être que tu peux faire les deux, non ? Rester ici tout en faisant ce que tu aimes ?

- Ce serait bien, répondis-je en haussant les épaules.

Je ne me rendais pas compte que ça se réaliserait très bientôt.

Chapitre 12

- Téléphone, dit Kaleigh, en me passant le combiné.

Elle était en train de remplir la machine à café.

- Dépêche-toi, murmura-t-elle au liquide sacré à l'intérieur de la machine.

- Tout ce café va nuire à ta croissance, tu sais, lui dis-je.

- N'as-tu pas un Lion d'or à gagner ? râla-t-elle.

Je souris et saluai gaiement la personne au bout du fil.

- Rhiannon ?

- Qui – oh, mon Dieu.

C'était Wanda.

Wanda, mon agente.

Wanda, mon agente de longue date qui avait d'un seul coup cessé de retourner mes appels. Celle qui avait laissé le studio m'arracher le cœur de la poitrine sans un mot d'avertissement. À ce que je sache, elle ne m'avait pas larguée en tant que cliente. Elle semblait tout simplement avoir disparu de la surface du globe.

- Je me rends compte que tu n'es sûrement

pas très contente de me parler, dit-elle rapidement.

L'ancienne Rhiannon lui aurait répondu avec une réplique vive et enjouée. L'ancienne Rhiannon ne se trouvait pas dans ma cuisine présentement. Je n'avais pas besoin d'être impolie, mais je n'avais pas non plus besoin de faire le chien de cirque.

- Je ne suis ni contente, ni triste; simplement étonnée, dis-je. Et légèrement irritée.

Tu vois ? Tu vois tout le progrès que j'avais fait ? J'étais tellement en contact avec mes émotions maintenant !

- Je suis vraiment désolée que les choses se soient déroulées ainsi, dit Wanda. Je ne savais pas que le studio allait te faire ce coup-là. J'ai été aussi surprise que toi. Je croyais juste qu'ils prenaient leur temps pour signer le contrat, je ne m'imaginais pas qu'ils tramaient quelque chose derrière notre dos.

- Eh bien, nous avons toutes deux été surprises alors, dis-je. C'est de l'histoire ancienne, Wanda.

- J'aurais tout de même dû t'appeler pour m'assurer que ça allait.

- C'est bon, ça allait.

- Tant mieux. Bon, dit-elle de sa voix devenue rauque à force d'avoir consommé autant de gin et de cigarettes.

Après quelques instants de malaise, elle en vint là où elle voulait vraiment en venir :

- Ils veulent te reprendre.

- Quoi ?

- *Une aile et une prière*. Ils m'ont appelée.

Ils veulent te reprendre.

Je restai figée sur place, bouche bée.

Je ne sais pas. J'imagine qu'une partie de moi avait toujours attendu ce moment, mais j'avais (bien sûr) imaginé une scène plus dramatique. J'aurais, par exemple, été en direct à la télévision avec Rose Abromowitz et le président de la chaîne Wolf serait apparu, cette fois avec un bouquet de roses, et m'aurait supplié de lui pardonner. Et je lui aurais dit non devant des millions de téléspectateurs. Tu vois, rien d'extraordinaire. Simplement une petite goutte de... vengeance.

On m'offrait maintenant ce que je croyais vouloir, mais c'était si ennuyeux. Ce grand moment dramatique ne se déroulait pas en compagnie d'un public, mais plutôt en compagnie d'un appareil en plastique de marque Panasonic.

- Non, dis-je doucement. Je ne veux pas y retourner.

- C'est bien ce que je pensais.

- Je ne suis plus la même personne. Je ne suis plus cette mignonne petite fille, et je ne vais pas faire semblant de l'être pour leur simple plaisir.

- Bonne fille. C'est compris. Alors j'ai un autre petit quelque chose à te proposer. HBO m'a contactée et ils veulent développer un concept d'émission qui serait centré sur toi.

Ceci me prit complètement au dépourvu.

- Répète.

- Ils t'ont vue lors d'un genre de... truc de

théâtre, et ils veulent discuter avec toi.

- Je ne quitterai pas New York.

- Je ne crois pas que ce soit nécessaire. *Sexe à New York*, *Les Soprano*, *Oz* – toutes ces séries sont filmées à New York.

Je restai immobile. Kaleigh me fixait, fronçant les sourcils de manière interrogative et réalisant, comme seule une sœur le peut, que quelque chose d'important était en train de se produire.

- HBO, répétai-je à voix haute pour lui donner une petite idée de la conversation.

Elle se mit les mains sur le visage comme Macaulay Culkin dans *Maman, j'ai raté l'avion*.

- Je veux bien les rencontrer, dis-je enfin. Mais je ne promets rien.

- Pas de promesses, acquiesça-t-elle.

- Et je ne veux plus jouer de petite fille mignonne. Si j'arrive là-bas et que quelqu'un me demande si j'ai enfin obtenu ma baguette magique, je sors en courant.

- Je leur dirai. Je te donne des nouvelles bientôt.

- D'accord.

Wanda raccrocha, comme d'habitude, sans dire au revoir. C'était étrange d'entendre sa voix dans ma cuisine à New York. Je réalisai qu'il était trois heures plus tôt là-bas – elle s'était réveillée à six heures du matin pour m'appeler à la première heure, heure de New York.

Le téléphone se remit immédiatement à sonner. Kaleigh me regarda d'un air narquois.

Quelle matinée chargée pour un mercredi en plein milieu de l'été ! Je répondis, m'attendant à entendre la voix de Wanda, mais c'était quelqu'un d'autre.

- Puis-je parler à Rhiannon, s'il vous plaît ?

- Oui, c'est moi.

- Je suis Eleanor Purviance de l'agence de mannequins Mercury. J'aimerais savoir si vous seriez intéressée à travailler avec nous.

- En tant que quoi, une fille avant sa transformation ? demandai-je en ricanant.

- Non, en tant que mannequin grande taille.

Je faillis laisser tomber le téléphone.

- Je raccroche, dis-je d'un ton sec.

- Non ! Attendez. Je suis sérieuse. Ceci n'est pas une blague.

- Je porte du six ou du huit. Je ne suis pas Anna Nicole Smith !

- Eh bien, ici, c'est considéré comme une grande taille. Écoutez, je sais que vous êtes de taille normale. Je n'essaie pas de vous rabaisser. Je pense que beaucoup de filles vous ont vu grandir et que si elles vous voyaient maintenant, avec la taille normale que vous avez, elles vous prendraient comme modèle. Vous pourriez leur faire beaucoup de bien.

- Eleanor, répondis-je. Écoutez-vous parler. Mannequin de grande taille ?

Elle fit un petit bruit impatient à l'autre bout du fil.

- On ne vit pas dans un monde parfait. Dans un monde parfait, votre taille serait l'idéal. Mais en attendant, il y a du fric à faire et des filles à rassurer sur leur normalité.

Je réfléchis quelques instants.

- Vous savez quoi ? J'aime de quoi j'ai l'air, lui dis-je.

- Rhiannon, dit-elle. Nous aussi on aime de quoi vous avez l'air. *Bien évidemment*.

C'était un argument intéressant. Quelle matinée ! Je raccrochai et accompagnai Kaleigh, qui tenait nos deux cafés, sur la terrasse arrière, sentant sous mes pieds les tuiles lisses et fraîches que mon père avait posées.

- On dirait que je suis redevenue importante, dis-je.

- Si j'étais sentimentale comme maman, je te dirais que tu as toujours été importante.

- Eh bien. Ce serait très gentil de ta part.

- Ce n'est pas moi qui l'ai dit, c'est maman.

D'accord. C'est maman qui l'a dit, qu'elle le sache ou non.

Épilogue

- Bonjour. Je m'appelle Rhiannon Melissa Taylor. Vous m'avez sûrement déjà vue dans *Une aile et une prière*, comme mannequin dans des magazines et dans la nouvelle série de HBO, *Chien et chat*. Mais le téléfilm que vous venez de visionner ne parle pas de moi. Il s'agit de la vraie histoire de ma mère, Margaret Taylor, et de sa lutte contre le lupus. Le lupus est une vraie maladie, et elle affecte plus de un million et demi de personnes chaque année. Vous pouvez faire la différence. Visitez www.lupus.org, renseignez-vous au sujet des symptômes et des traitements et, si vous pensez être atteint de cette maladie, consultez immédiatement un rhumatologue. Un rhumatologue est un médecin spécialisé dans le traitement des maladies du tissu conjonctif et aura donc de bonnes chances de reconnaître les symptômes. Pour le moment, il n'existe pas de remède. Il y a néanmoins de l'espoir pour les personnes atteintes de la maladie. Ma mère est en phase de rémission et se sent très bien. Mais nous avons besoin que la recherche se poursuive. Avec votre aide, votre argent et votre attention, nous pouvons combattre cette maladie. Même sans avoir de baguette magique.

* * *

- Coupez ! C'est bon.

Je souris alors qu'on enlevait mon micro. C'était la dernière scène d'un téléfilm sur ma famille, et mon premier acte officiel en tant que porte-parole de l'Association Nationale du Lupus. Ma mère, d'apparence superbe aussi bien intérieurement qu'extérieurement, était assise à côté de moi sur le divan et me tenait la main.

- Eh bien. Je crois bien que nous sommes la paire mère-fille la plus adorable, dit-elle.

- La plus adorable depuis, oh, je ne sais pas – *Maman très chère* ?

Un grand sourire radieux apparut sur son visage et elle serra ma main avec plus de force.

- Tu es la star de mon émission, chérie, dit-elle.

Tant que cela était vrai, tout le reste n'était que répétition.

transcontinental
IMPRESSION
IMPRIMERIE GAGNÉ

IMPRIMÉ AU CANADA